不思議の国ベラルーシ

不思議の国ベラルーシ

ナショナリズムから遠く離れて

服部倫卓

岩波書店

不思議の国ベラルーシ

目　次

ベラルーシ地図

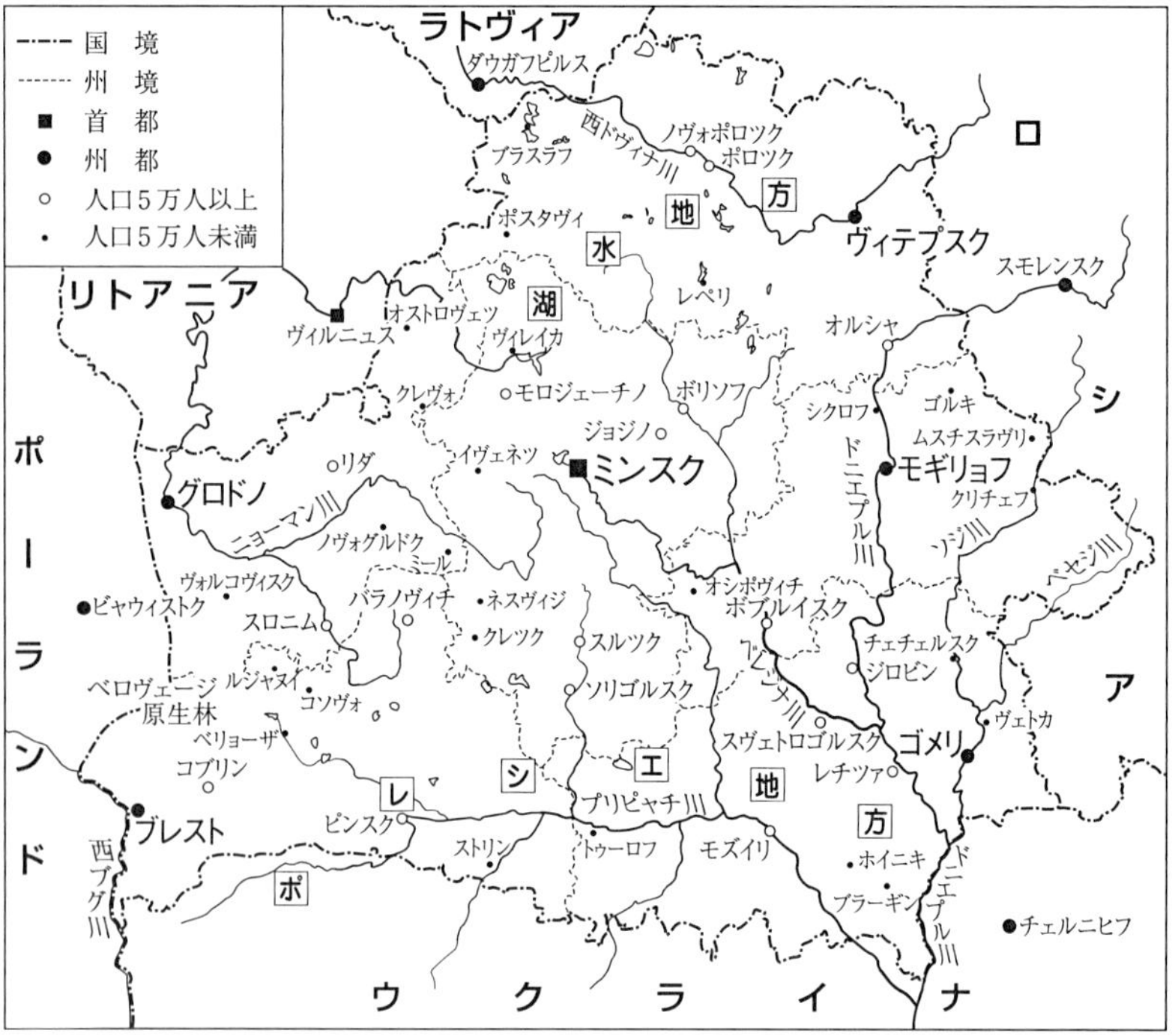

国境
州境
首都
州都
人口５万人以上
人口５万人未満
ラトヴィア
リトアニア
ポーランド
ウクライナ
ロシア
ダウガフピルス
西ドヴィナ川
ノヴォポロツク
ポロツク
ブラスラフ
ポスタヴィ
地
方
水
湖
ヴィテプスク
スモレンスク
レペリ
ヴィルニュス
オストロヴェツ
ヴィレイカ
オルシャ
クレヴォ
モロジェーチノ
ボリソフ
シクロフ
ゴルキ
ジョジノ
ムスチスラヴリ
イヴェネツ
ミンスク
リダ
モギリョフ
ドニエプル川
グロドノ
ニョーマン川
クリチェフ
ノヴォグルドク
ミール
ソジ川
ベセジ川
ヴォルコヴィスク
オシポヴィチ
ビャウィストク
バラノヴィチ
ネスヴィジ
ボブルイスク
スロニム
クレツク
スルツク
チェチェルスク
ジロビン
ベロヴェージ原生林
ルジャヌイ
コソヴォ
ソリゴルスク
ベレジナ川
ヴェトカ
ベリョーザ
スヴェトロゴルスク
ゴメリ
コブリン
レ
シ
エ
レチツァ
ブレスト
ピンスク
プリピャチ川
西ブグ川
ストリン
トゥーロフ
モズイリ
ポ
ホイニキ
ブラーギン
チェルニヒフ

序章

◆

ベラルーシという愛すべき例外

戦勝記念日の祝賀コンサートの様子

ヨーロッパの真ん中の知られざる国

地理的に言ってヨーロッパの中心がどこになるか、ご存知だろうか。感覚的に、スイスあたりと思われるかもしれない。しかし、ヨーロッパはロシアのウラル山脈にまで広がる広大な領域なので、その中心も実際にはずっと東寄りになる。最近ベラルーシ共和国の地理学者が発表したところによると、ヨーロッパのど真ん中は同国の北東部に位置するのだそうだ（なお、自分たちがヨーロッパの地理的中心だというのは、ウクライナ、リトアニア、ポーランド、スロヴァキアも主張していることであるが、本書では話の都合上、ベラルーシをヨーロッパの中心と認定させていただく）。

と言ったところで、「へぇ、あのベラルーシが」と納得してくれる日本人は、どのくらいいるのだろうか。何しろ、在留邦人が二〇名足らずという国である。かく言う私は、一九九八年四月から三年間、在ベラルーシ日本大使館に専門調査員として勤務し、同国の政治・経済情勢の調査に携わってきた人間である。

ベラルーシはもともとソ連邦を構成していた一五共和国の一つであり、一九九一年暮れのソ連解体に伴い、歴史上初めての独立を果たした。ロシアとポーランドの狭間に位置する国だ。面積は約二一万平方キロメートルだから、日本の半分強ということになる。人口は二〇〇三年時点で九九〇万人。首都のミンスク市は人口約一七〇万で、仙台市と姉妹都市の関係にある。

国民の基幹をなすのが、ベラルーシ民族である。ベラルーシ人はロシア人、ウクライナ人と同じく東スラヴ人に分類される。言語などの面で非常に近いこの三民族は、兄弟のような間柄だ。それでも、ベラルーシにはベラルーシ語という独自の言語がちゃんとある。宗教的には、国民の六〜七割が東方キリスト教のロシア正教、約一割がカトリックとされている。

「ベラ」がスラヴ語で「白」を意味し、「ベラルーシ」というのが「白いロシア」という意味であることは、ご存知の方もおられるかもしれない。我が国でもソ連時代は「白《はく》ロシア」と呼ぶことが一般的だった(本書では基本的にソ連時代も含めて「ベラルーシ」で統一する)。なぜ「白」と呼ばれるようになったのかについては、一〇以上の説が入り乱れている。ただ、当国の知識人たちは、「白」が自由・独立を意味したという説を好む。ロシアがモンゴル・タタールの支配に長期間さいなまれたのに対し、我々は従属を免れた、だから「白」なのだという解釈である。なお、「白ロシア／ベラルーシ」という呼称が今日のような意味で定着したのは、一九世紀末のことであった。

日本でベラルーシのことが話題に上るのは、だいたい二つのパターンに限られる。第一に、チェルノブイリ原発事故による被害に関連してである。第二に、ルカシェンコ大統領の奇矯な言動と、同大統領が推進してきた対ロシア統合に関してである。

ソ連末期の一九八六年に起きたチェルノブイリ原発事故で、最大の被害を受けたのがベラルーシ共和国だった。原発自体はウクライナ共和国に所在していたものの、放射性物質の七割がベラルーシに降下したのである。ゴメリ州を中心とする同国南東部が、深刻な汚染にさらされた。チェルノブイリはこの国を語るうえで避けて通れない問題であるが、本書では詳述できない。本邦でも関連文献が多数出ているので、それらを参照していただきたいと思う。

なお、ベラルーシが脚光を浴びる第三のパターンが、最近加わった。日本のテレビ番組などで、美しい女性の多い国として同国が紹介されるケースが出てきたのである。残念ながら、私のベラルーシ・フィールドワークで最も手薄な分野なので、これについての談議は差し控えておく。

奇行を繰り返す大統領

さて、チェルノブイリ問題と並んで耳目を集めるのが、「欧州最後の独裁者」の異名をとるルカシェンコ大統領である。一九五四年、ベラルーシ東部の農村生まれ。共産党の活動家として働いたあと、モギリョフ州のソフホーズ(国営農場)で支配人を務める。九〇年のベラルーシ共和国最高会議の議員選挙で当選し、政治家に転身した。エリートの腐敗を糾弾し、時代の寵児となる。九四年六、七月に実施された大統領選で、大衆迎合的な公約を掲げて地滑り的勝利を収め、独立ベラルーシの初代大統領に就任した。二〇〇一年九月に再選を果たしている。

ルカシェンコ大統領といえば、そのスキャンダラスな言動で知られる。私自身、ベラルーシに赴任して早々、洗礼を浴びた。大統領が何を思ったか、首都ミンスク近郊の地区に所在していた各国大使公邸から大使たちを強制退去させ、同地区を一人占めしてしまった。世に言う「大使公邸退去事件」である。日本の臨時代理大使も一時帰国を余儀なくされ、我々は対応に追われた。

これだけでも外交史上例のない暴挙だが、私がもう一つすごいと思ったのは、退去を迫られた人のなかに国際通貨基金(IMF)の駐在代表も含まれていたことだ。IMFの決定は他のドナーたちにも指針となるので、普通どの国もＩＭＦとの関係には神経を使う。しかし、ベラルーシはＩＭＦに挑戦するような経済運営を続け、融資を停止されて久しかった。公邸事件が起きた時には、折りしもＩＭＦは駐在代表を引き揚げようとしていた。離任会見に臨んだ代表氏に、駐在ポストが将来復活する可能性はあるでしょうかと私が尋ねたところ、同氏は「家があったらね」と吐き捨てた。

その直後、ロシア経済危機が発生する。貿易の六割をロシアに依存するベラルーシは直撃を受け、たまらずＩＭＦに緊急融資を申請した。だが、日頃の素行の悪さに加え、公邸問題で心証を悪くしたら、結果は知れている。「最後の貸し手」と呼ばれるＩＭＦを追い出した代償は大きかった。

ところで、ロシアが経済危機で揺れていた一九九八年八月、ベラルーシ中央銀行の総裁はどこで何をしていただろうか。実は、ブレスト州で穀物収穫の陣頭指揮をとっていた。ロシア危機が波及するのを恐れたルカシェンコ大統領は、食糧の確保が第一ということで、主要政権幹部を地方に派遣して収穫の指導に当たらせたのである。元ソフホーズ支配人ならではの発想とでも言うべきなのだろうか。経済危機が迫っているのなら、中銀総裁は外貨準備の積み増しにでも努めるのが普通であろう。それが食糧の備蓄にすり替わってしまうところが、ベラルーシという国の魅力だ。

ルカシェンコ大統領
© Yuriy IVANOV

私は、ベラルーシに赴任するにあたって、スティグリッツの分厚い教科書をセットで持って行った。娯楽の乏しい国のこと、膨大に時間があるだろうから、このさい経済学を基礎からみっちりやろうと思ったのである。しかし、目論見は外れた。スティグリッツと、眼前のルカシェンコ劇場とのギャップが、大きすぎる。結局スティグリッツは、一時帰国した時に日本に持ち帰ってしまった。

ロシアとの統合を志向

笑い話で済めばいいが、現実問題としてベラルーシは、市場経済化や民主化の面で周辺諸国に随分水を開けられた。たとえば、欧州復興開発銀行の推計によると、ベラルーシの国内総生産に占める民間部門のシェアは二〇〇二年現在で二五パーセントにすぎず、旧ソ連・東欧二七カ国中最低である。また、国際的なNGO「フリーダム・ハウス」が発表した二〇〇三年の旧ソ連・東欧諸国の民主化指数を見ると、一から七の評点で(数字が大きいほど民主化のレベルが低い)、ベラルーシは六・六三とされており、これよりひどい国は中央アジアのトルクメニスタンだけである。

それだけではない。この国は独立国としての存続すら、必ずしも保証はされていないのである。近隣諸国は、ロシアの支配から逃れるべく、欧州連合(EU)や北大西洋条約機構(NATO)への加入を急ぐ。そうしたなか、一人ベラルーシはロシアとの間で、国家統合に関する条約を続けざまに結んできた。一九九九年一二月には、「連合国家」を創設する旨の条約が結ばれている。両国は人口で一五倍もの開きがあるから、対等合併は考えにくい。本気で統合するとなれば、ロシアがベラルーシを編入する格好にならざるをえないことは、容易に察しがつく。

ソ連解体後のロシアが、政情不安、経済危機、チェチェン戦争に直面し、魅力的な伴侶とは思えないだけに、ルカシェンコ政権の対露統合路線の特異性は際立つ。ベラルーシの民主派は、自国が帝国ロシアに再び飲み込まれてしまうのではないかという不安を払拭できないでいる。

最新の国勢調査によれば、ベラルーシ国民のうち八一パーセントが民族上のベラルーシ人によって占められている。「基幹民族」の比率が八割強というのは、ソ連地域としては純度が高い部類に入る。実はベラルーシは、旧ソ連各地で噴出した民族紛争や、マイノリティによる分離主義運動とはまったく無縁の国なのだ。そのような足枷がないのだから、ベラルーシ人によるベラルーシ人のための国造りにいそしみ、安住のヨーロッパをめざせばよさそうなものである。なぜ彼らはそうしようとせず、デフォルトや爆弾テロに見舞われたロシアとの一体化を望むのか。

当国の対露統合路線が、ある程度ルカシェンコ大統領の個人的野心に由来していたことは否定できない。あろうことかこの人物、ロシアと統合を遂げ、自身が連合大統領としてクレムリンに君臨することを夢見てきたのである。

それと同時に、対外関係の基軸をロシアに置く路線が国民多数派の支持に裏付けられており、「国民国家単位での欧州参入」という方向性があまり理解を得られていないことも、紛れもない事実である。旧ソ連の欧州部に位置するベラルーシ、ウクライナ、モルドヴァの三国を対象とした比較調査でも、ベラルーシの世論が残り二国のそれに比べてより「東向き」である傾向が浮き彫りとなっている([102]191-194)。

ベラルーシという国は、何かよほど特殊な事情でも抱えているのだろうか？

「推進力」としてのナショナリズム

この分野に関する論争的な著作を発表したロジャース・ブルーベーカーは、旧ソ連・東欧諸国の現状を「民族化しつつある国家(nationalizing states)」ととらえる。特に、ソ連の各共和国には特定の民族の名が冠されていたので、現地のエリートが共和国は「自分たちのもの」であるという感覚を抱くことにつながった。しかし、ソ連体制下ではその感覚に見合った実権は与えられなかった。ソ連が崩壊し彼らが権力を手にすると、言語・文化などあらゆる面で基幹民族を優遇する政策を推進し始める。そして、そうした政策はソ連時代に民族としての当然の権利が剝奪されていたという意識によって正当化されている、とブルーベーカーは言う([90]46-47, 103-104)。

このような民族的な原理を前面に出したナショナリズムに否定的側面があるのは、言うまでもない。ソ連からの独立後に、エストニアとラトヴィアが基幹民族以外の住民の国籍取得に高いハードルを課し、多数の無国籍人を生み出してしまったことなどは、最たる例であろう。

その反面、旧ソ連・東欧圏の諸民族がロシアによる支配を打破し、民主化・市場経済化に突き進むうえで、ナショナリズムがそのパワーを与えてきたことも否定しえないだろう。実際、ある比較研究によれば、単純化はできないものの、リトアニアやウクライナでは民族的アイデンティティを強くもっている国民ほど民主主義を強く支持し共産主義を拒絶するという傾向が、確かに認められるという([95]277)。

むろん、ナショナリズムが常に民主化を促進するなどと考えるのは、ナイーブにすぎよう。ナショナリズム論の大家として知られるアントニー・スミスは、自由主義、ファシズム、共産主義といった様々なイデオロギーと結合してカメレオンのように変化することこそ、ナショナリズムの特質と論じている([15]40)。実際、旧ソ連のなかでもイスラム系諸国では、ナショナリズムがむしろ権威主義体制と一体化する傾向が目に付く。しかし、東欧や旧ソ連のヨーロッパ部では概ね、ナショナリズムが幸運にも体制転換の時代潮流と結び付き、民主化・市場経済化を軌道に乗せるロケットエンジンのような役割を果たしたと言えよう。

だとすれば、この地域でベラルーシが例外的に民主化・市場化に逆行する路線を歩んできたのは、民族・国民意識の特殊性ゆえに、そのような強力な推進力を欠いていたからだという可能性が考えられないだろうか。むろん、この要因は対露統合志向にも密接にかかわってくる。どうやら、独立後のベラルーシが迷走を続けている原因を探るうえで、民族的・国民的アイデンティティのありようを掘り下げてみることが避けて通れそうもない。

「ナショナリズム」と「ナツィオナリズム」

日本語で、「ナショナリズム」にはしばしば、「民族主義」という訳語が充てられる。民族的なエゴイズム、反目、紛争といったものを連想し、嫌なイメージをもつ人も多いだろう。しかし、そうした現象がナショナリズムのすべてであると考えるのは、皮相である。他方でナショナリズムには、共通の市民的権利・義務にもとづいて国民国家を形成するという建設的な側面もあることを忘れてはならない。後者を重視するならば、「国民主義」と訳すのが適切であろう。このような二面性に

表1　あなたは次の人たちと友達になれますか？

類　型	「友達になれる」と答えた回答者の比率(%)
ロシア人	69.5
ポーランド人	48.3
ルカシェンコ支持者	40.4
ユダヤ人	38.2
共産主義者	34.0
コーカサス人	28.6
反ルカシェンコ派	27.2
ナツィオナリスト	10.6
同性愛者	8.3
ネオナチ	5.0

(出所)　ベラルーシの民間シンクタンク「社会・経済・政治独立研究所(IISEPS)」による2000年4月の全国世論調査結果. IISEPSから筆者入手.

かんがみ、本書では特に訳語を充てず「ナショナリズム」のまま用いることにする。ただし、ナショナリズムのいずれかの側面が前面に出ているような場合には、その限りでない。

一方、ソ連の公式イデオロギーは、この面でかなり極端だった。労働者階級の国際的な団結を標榜する立場からか、「ナツィオナリズム」(「ナショナリズム」に相当するロシア語単語)を、ほとんど「国粋主義」に近いような形で定義していたのである([38]350-351)。最近でこそ、旧ソ連諸国でも考えが柔軟な人は諸外国と同じような意味で「ナツィオナリズム」という語を用いているようだが、まだ一般的ではあるまい。

ロシア語圏の人に、その人が民族運動の担い手だからといって、「あなたはナツィオナリストですね」などとは言わない方がいい。「自分の民族のためなら他民族の利益など踏みにじってもいいという了見の持ち主」という意味に受け取られかねないからである。相手を誉めたいのなら、「パトリオート(愛国者)」と言っておくのが無難だ。ただし、先方の愛国心にほとほと感じ入った時には、反語的に「あなたは良い意味でのナツィオナリストですね」という表現も可能である。

「ナツィオナリズム」「ナツィオナリスト」という言葉への拒絶反応は、ベラルーシにおいてはひときわ激しいものがある。表1は、ベラルーシで行われた国民の意識調査で、様々な人間の類型を回答者に示し、その人たちと友達になれると思うかどうかを問うた結果である。ナツィオナリストと友達になれるという回答者は約一割にとどまっており、それに比べればルカシェンコ支持者や共産主義者の方がはるかに市民権を得ている。一九九一年にミンスクで出た『ロシア語・ベラルーシ語会話集』という本に、「ナツィオナリズムと国民の民族的自意識を混同しなくてもよいのです」という例文が載っていたのには([70]56)、思わず苦笑させられた。

民族主義アレルギー

ソ連のイデオロギーが「ナツィオナリズム」という言葉を一面的に定義し、ひたすらネガティブに扱ってきたことは、旧ソ連の人々に「ナーツィヤ(民族)」というものに対する独特の怯臆《きょうおく》を植え付けてきたように思えてならない。公式イデオロギーに人一倍忠実だったベラルーシ国民については、特にそのことが言える。民族が度を過ぎた自己主張に走ることがあってはならないという戒めが、骨の髄まで染み付いているのである。

ルカシェンコ大統領の次のような発言に触れると、そのことを痛感させられる。

> 私はこの世界で知られている代表的な挑戦から国民を守ることに成功した。戦争、宗教紛争、一部グループの民族主義的な暴走、ナツィオナリズムの嵐からだ。([81]2001.8.9)

なるほど、ナツィオナリズムというのは戦争と同じくらい恐ろしいものなのか。ルカシェンコ大統領は、ある演説で次のようにも発言している。

ベラルーシ人からロシア人を、ロシア人からベラルーシ人を永遠に引き離すことなど、どうしてできようか。あなた方のうち半数には、その血管にロシア人、ポーランド人、ユダヤ人、ウクライナ人の、混ざり合った血が流れている。ナツィオナリズムはどんな国家においても最も恐ろしい干渉だ。我々はそれから遠ざかったのである。([81]2001. 5. 22)

私の知る限り、「民族」というものは自らを古く、混じり気がなく、独自の存在と強調したがる傾向がある。我が国民の半分は実は周辺諸民族との混血ですと殊更に論じ立てる国家元首というのは、(よしんばそれが科学的な事実だとしても)珍しいのではないだろうか。少なくとも、現在ヨーロッパのこの地域で支配的になっている風潮とは趣きを異にする。

なお、ルカシェンコ大統領自身は、ロシアとの統合を推進してきたからといって、民族的にロシア人というわけではなく、公式的にはベラルーシ人とされている。ただし、父親がジプシー系という噂はある(最近では「ジプシー」よりも「ロマ」という呼称が適切とされる)。

独立国家の経験を自ら否定

ソ連解体を受けて独立を果たした各民族は、近代以降に関して言うと、自前の国家を営んだ経験があまり豊かでない(エストニア、ラトヴィア、リトアニアのいわゆる「バルト三国」は両大戦間期に独立していたので、比較的恵まれている)。それでも、自分たちは国家樹立の経験があるのだ、少なくともそれを試みたのだと、躍起になって主張するのが常である。つまり、自らの国家性、歴史性を強調しようとする。

ウクライナ、アゼルバイジャン、アルメニア、グルジアでは、第一次大戦とロシア革命の混乱期に、民族自決にもとづいて独自国家を建設する試みが、実際にあった。今日これらの国々では、我々は当時建国された民族国家の継承国だという立場がとられている。自分たちの「本来の歴史」が、不本意ながらソ連により強制的に中断させられていたという論理が見て取れよう。

昨今のウクライナの歴史学などは、ほぼ「中央ラーダ史観」一色であると聞く。「中央ラーダ」というのは、ロシア革命時にウクライナ民族運動を担った権力機関であり、これが一九一七年に「ウクライナ人民共和国」の創設を宣言したのだった。

ずっと非力ながら、同じような動きはベラルーシにもあった。ロシア革命直後の一九一八年三月二五日に行われた「ベラルーシ人民共和国」の独立宣言がそれである。人民共和国は国としての体をなすには至らず、ボリシェヴィキとの闘争になすすべもなく敗れ、国外に逃れて亡命政権化する。この史実はソ連時代の歴史学では完全に黙殺されていたが、独立後は当然のことながら、人民共和国の先駆的な意義が強調されるようになった。民族主義的な価値観をもつ知識人や学生(本書ではそのような人たちを「民族派」と呼ぶことにする)にとって三月二五日は、ベラルーシの国家性を象徴する神聖な日になった。

しかし、九四年にルカシェンコが政権に就くと、ベラルーシの公式史学も逆コースに進む。大統領は国民主義史学が主流だった九二〜九五年に出た歴史教科書の使用禁止を指示した。その割を食ったのがベラルーシ人民共和国だった。ひところなどは、政府系の新聞が人民共和国を批判するキャンペーンを張っていたほどだ。ベラルーシ民族が歴史上初めて独立国家をつくろうとした試みに、罵詈雑言を浴びせたのである。

ルカシェンコ大統領は最近も教科書執筆陣との会合で、民族主義を排除した「国際主義的な教科書」を書くよう注文を付けている。参考までに紹介すれば、現在使われている大学生用の歴史教科書(ベラルーシ教育省のお墨付き)には、あっと驚くくだりがある。「ソ連共産党の壊滅とソ連邦の解体は、二〇世紀の世界史の最も悲劇的な事件の一つである」([74-2]388)。この教科書では、ソ連邦が米国による破壊工作によって崩壊したかのような説明がなされている。

ちなみに、まるでおとぎ噺のようだが、ベラルーシ人民共和国の亡命政権は、名目的には今なお存続している。本国の路線を問題視し、自己解消に踏み切れないでいるのだ。その本部は米ニューヨークに置かれ、現在ではスルヴィラ女史というカナダ市民がラーダ議長(大統領)を務めている。ヨーロッパの独立国で、二一世紀初頭の今なお国外に「亡命政権」の残っている国は、ベラルーシの他にあるのだろうか。私は寡聞にして聞いたことがない。

スターリンの弾圧から目をそむけ

一九八〇年代後半に、ソ連各地でナショナリズムが噴出する発端となったものに、歴史の見直しがある。スターリン時代に犯された数々の蛮行、民族エリートの抹殺や、民族丸ごとの強制移住などが糾弾された。ベラルーシの場合は、「クロパティ」である。

事の顚末はこうである。一九八八年春、考古学者のポズニャク氏がミンスク市の外れにあるクロパティという場所で、おびただしい数の遺体が埋葬されているのを発見した。同氏は論文を発表し、

蹂躙される「クロパティ」

これらの遺体は一九三七〜四一年にソ連の秘密警察により銃殺されたベラルーシ市民と推定されるという見解を示した。着衣などから、東ベラルーシ住民だけでなく、三九年にポーランドから奪還した西ベラルーシ領の住民も含まれており、社会階層は知識階級から農民まで広範囲にわたると推測された。この告発は社会に衝撃を与える。八八年夏、ベラルーシ共和国の政府関係者と学識経験者とからなる調査委員会が設置され、発掘調査が開始された。

しかし、ベラルーシ政府が現体制の正統性に傷が付くのを恐れ、真相究明に熱心でないことは明らかであった。犠牲者の身元の確認など、徹底した調査は行われなかった。結局、現場に簡単な記念碑を据えただけで、政府は本件にけりを付けてしまう。そうこうするうちに、クロ

パティの虐殺はソ連ではなくナチス・ドイツの仕業だといった声が、退役軍人などの間で高まっていった。

独立を経て、ルカシェンコ政権が成立すると、クロパティは露骨に冷たく扱われるようになる。そして、二〇〇一年に始まったミンスク環状道路の拡張工事により、この民族抑圧の記念碑が現在、こともあろうに重機で踏み荒されているのである。当のルカシェンコ大統領は、クロパティを政争の具にすることを戒める消極的な発言を繰り返すのみだ。

七月三日に生まれて

ベラルーシのことを理解するうえで、計り知れない重要性をもつのが、「大祖国戦争」である（ソ連では第二次大戦の対ドイツ戦のことをこう呼んだ）。この戦争でベラルーシは、住民の実に三分の一を失っているのである。長く過酷な戦争を戦い抜きファシズムに勝利した体験は、大多数のベラルーシ国民にとって神聖かつ絶対のものである。

戦争に勝ったことが、今でもよほどうれしいのであろう。ベラルーシには一年に二度も戦勝記念日がある。一つはソ連時代に制定された五月九日であり、これはドイツの無条件降伏にちなむもので、現在でも多くの旧ソ連構成国で祝われている。もう一つ、現ベラルーシの独立記念日である七月三日は、一九四四年のこの日に首都ミンスクがドイツの占領から解放されたことから来ており、これも実質的に戦勝記念日のようなものだ。もっと言えば、地方都市ではそれぞれの街の解放記念日も祝われるから、戦勝記念日は年に三回か。

ベラルーシでは、独立当初は七月二七日が独立記念日だった。これは、九〇年の同日にベラルーシ共和国最高会議が「国家主権宣言」を採択したことにもとづいていた。それが、九六年の国民投票の結果、七月三日に変更になったのだ。「独立記念日」という以上は、何から独立したかが肝心である。ルカシェンコとその支持者たちが七月二七日を否定したということは、ソ連からの独立という現実をどうしても受け入れられないことを意味していよう。彼らにとっては、ファシストから解放された日こそ自由を獲得した日だという感情が、案外自然なのかもしれない。

ゴメリ州モズイリ市の解放記念日の式典

　人生の思い出は、しばしば音楽と結び付いている。私がベラルーシのことを思い出す時に頭のなかで鳴り響く曲は、その名も「ジェーニ・パベーディ（戦勝記念日）」というソ連の有名なナツメロである。ミンスク在住中の三年間に六度も戦勝記念日があり、そのたびに朝から晩までこの曲を聞かされたのだから、頭にこびりつくのも当然であろう。

　実は私には、ミンスクで働くずっと以前に、ベラルーシについての強烈な原体験があった。東京外国語大学在籍時に、ネイティブのロシア語教師としてソ連から派遣されてきたM先生という女性が、ミンスクの人だったのである。ベラルーシ人というのがどうもロシア人以上に熱烈なソビエト愛国者らしいというイメージは、すでにその時植え付けられた気がする。

正直な話、ソ連イデオロギーを振りかざし、プロパガンダ映画を教材として使ったりするM先生は、学生にあまり人気がなかった。独ソ戦をテーマにした映画を観させられた時などは、ドイツ軍は敵をだまし討ちにして罪のない人たちまで溺死させたのに対し、ソ連兵は敵味方の分け隔てなく皆を救助しましたといった愚にも付かない内容で、閉口させられた。鑑賞後の授業で先生は、「ドイツ人は罪のない人たちまで無差別に殺しました。これこそがファシストなのです」などと訴え、青筋を立てている。当時の私たちと来たら、理想は高いが語学力は低く、何も言い返せないまま、ただフラストレーションを募らせていたのである。

Back in the BSSR！

一九九一年八月のモスクワにおける保守派クーデターの失敗を受け、それまで最も慎重に振る舞っていたベラルーシも、ついに独立に傾くことになる。同年九月一九日、共和国最高会議の決議により、正式国名が「白ロシア・ソビエト社会主義共和国（BSSR）」から「ベラルーシ共和国」に変更になり、同時に共和国の新しい国旗と国章が制定された。国旗は上から等幅に白赤白というもの、国章は「パゴーニャ」と呼ばれる馬上で剣を振りかざす騎士の図柄であり、ともにかつてベラルーシ人民共和国が制定したものを踏襲した（カバー折返し参照）。

ところが、九四年に大統領に就任したルカシェンコが、これに難癖を付ける。政権は、白赤白国旗とパゴーニャは敵国ドイツに協力したナツィオナリストが掲げていたものだとするキャンペーンを張った。これが効いたのか、九五年五月に実施された国民投票は、投票者の七五パーセントが政権側の提案した「新しい」国旗・国章に賛成する結果に終わる。ルカシェンコの側近が白赤白の民族旗をひきちぎり、一きれ一〇ドルで売る様子がテレビで中継された。

このようにしてルカシェンコ政権が強引に導入した「新しい」国旗・国章は、かつてのBSSRのそれに酷似している（カバー折返し参照）。新旧国旗の違いは基本的に、昔あった槌・鎌と星がなくなっただけだ。だから、槌・鎌をバンソウコウのようなもので隠して、昔の共和国旗を使い回しているのを見かけることもある。

現在の国旗がソ連時代の共和国旗に似ているだけではない。ベラルーシでは槌と鎌のついた昔の共和国旗が（バンソウコウも貼らないで）そのまま使われているのを目にすることもある。私が二〇〇〇年にルカシェンコ大統領のお膝元であるモギリョフを訪問した時などは、たまたま戦勝記念日の前夜だったからか、旧共和国旗がそこかしこに翻っていた。さらに驚いたのは、大統領の母校であるモギリョフ教育大学などいくつかの公的機関が、ソ連国旗、つまり正真正銘の赤旗を堂々と掲揚していたことである。これがルカシェンコのルーツだったのか。そのような思いを巡らせながら、私はソビエト愛国主義が濃厚に漂うモギリョフの街を歩き回った。

ベラルーシ語は貧弱な言語?

東欧では「民族はまず言語である」と言われる([28]39)。歴史的に見ると、ハプスブルク帝国、ドイツ、ロシアという列強に組み込まれていた各少数民族の間で、一八世紀末以降、知識人・文学者によってそれぞれの土地の俗語が採集されて文章語が確立され、文学運動が興り、これが民族の覚醒につながっていった。

近年のソ連の場合でも、ナショナリズムはしばしば、言語問題と結び付いていた。全ソ連の共通語たるロシア語によって、各民族の独自言語が脅かされている現実があったからだ。

ウクライナでは、ペレストロイカに呼応した文学者・知識人がウクライナ語の窮状への危機意識を表明し、ナショナリズムを高揚させた。ウクライナ語を国家言語とする共和国の言語法も、一九八九年に採択された。独立を経た当節では、ウクライナ語を話すことがエリートの要件であるというコンセンサスが定着している観がある。東部出身でウクライナ語が不得意であったクチマ氏も、九四年に大統領に就任してから特訓し、公の場はウクライナ語で通すようになった。

それでは、問題のベラルーシではどうか。実は当地でも九〇年一〇月に共和国の言語法が採択され、ベラルーシ語が唯一の国家言語という扱いになった。独立後には、教育をはじめとする様々な領域において、実際にベラルーシ語の使用頻度が高まった。

しかし、ベラルーシ語とロシア語がよく似た言語だということもあり、ソ連時代にベラルーシはロシア語化が最も進んだ民族共和国となっていた。国民の多くは、何の将来性もない田舎言葉として、この言語に見切りを付けていた。それゆえ、少なからぬ国民が九〇年代前半のベラルーシ語化を、歓迎するというよりは、戸惑いをもって受け止めた。

こうした状況で、ロシア語復権の旗手という役回りを演じたのがルカシェンコである。九五年五月の国民投票では、投票参加者の実に八三パーセントが、ロシア語にベラルーシ語と同等の国家言語という地位を与えることに賛成した。旧ソ連諸国では、キルギスのようにロシア語を国家言語にほぼ順ずる「公式言語」という扱いにしている国はあるものの、二言語を完全に同格の国家言語と制定した国はベラルーシだけだ。もともと劣勢だったベラルーシ語が、唯一の国家言語という法律上の特権を失ったため、これ以降は実生活においても再ロシア語化が顕著に進んでいく。

ルカシェンコは、大統領就任直後に次のように公言したことがある。この人物の迷言のなかでも、おそらく一、二を争うものではないか。

ベラルーシ語で話している人たちは、ベラルーシ語を話す以外に何もできない。というのも、ベラルーシ語で何か大事なことを表現するのは不可能だから。ベラルーシ語は貧弱な言葉である。世界に存在する偉大な言語は、ロシア語と英語の二つだけだ。（[83]276）

確かに、私自身、ロシア語の度を越した「豊かさ」には日頃四苦八苦している。それにしても、ある言語が本来的に「貧弱」ということがあるのだろうか。何らかの事情により、もてる潜在的な豊かさを発揮できないでいる言語はあるかもしれないが。いずれにせよ、国家元首が自国の民族語を「貧弱」と決め付ける国は、現代のヨーロッパではベラルーシだけであろう。

スポーツに見る国民意識

スポーツはナショナリズムを刺激するものであるとともに、それを映す鏡でもある。ベラルーシ国民をスポーツという観点から見ると、どのようなことが言えるか。実はルカシェンコはアイスホッケー・マニアであり、国民が貧困に喘ぐのをよそに、立派なスケート場を全国に次々と完成させている。ただ、私自身はホッケーには不案内なので、以下では主にサッカーを取り上げる。

注目すべきことに、八〇年代前半にベラルーシのサッカーは黄金時代を迎え、八二年にはディナモ・ミンスクがソ連リーグで優勝を果たしている（ガンバ大阪でプレーしたアレイニコフ選手も黄金期の立役者）。ディナモは国際舞台でも一目置かれていた。この時期、ヨーロッパ三大カップ（当時）のすべてでベストエイトに食い込んだというから、本物である。東ヨーロッパのチームでもチャンピオンズ・リーグで優勝できた、古き良き時代の話だ。この躍進は、共和国全土から才能ある若者をミンスクに集めた成果であり、これは実質的にベラルーシ代表チームだった。

ソ連崩壊後の経済難などで、ロシアやウクライナといったサッカーどころでも、レベルの低下が生じた。小国ベラルーシがこうむった打撃は、それ以上だったかもしれない。国内リーグ戦を組織するため、首都から地方へと選手が分散し、競技の質が落ちてしまったからだ。今日でも、国内リーグは廃止し、ベラルーシで一つのチームをつくってロシア・リーグに参戦すべきだという意見が出ることがある。ソ連ないしはロシアという大きな場のなかで、ベラルーシという単位で自己実現する。これは、当国国民のアイデンティティの一つの類型と言えると思う。

独立後のベラルーシ・サッカーに、かつての黄金期の面影はない。代表チームは、ワールドカップ予選、ヨーロッパ選手権予選で惨敗を繰り返してきた。クラブ・レベルでも、チャンピオンズ・リーグやUEFAカップの本選にはまったく出場できないでいる。いきおい、国民はロシアのテレビ放送で、兄貴分のロシアやウクライナのチームを応援することになる。民族主義に傾倒する若者のなかには、ロシアが負けると狂喜する向きもあるようだが、全体から見れば少数派だろう。

サッカー・ベラルーシ代表チームの勇姿

ところで私の印象では、サッカーやアイスホッケーでベラルーシがロシアと戦うと、実力以上に奮闘し、格上のロシアと互角に渡り合うことが多い。二〇〇〇年のアイスホッケーの世界選手権でロシアに勝った時などは、全ベラルーシが祝賀ムードに包まれたと聞く。しかし、それが強烈な敵愾心からかというと、そうは思えない。やはり兄弟喧嘩で弟が兄貴を負かしたうれしさに通ずる感情ではないか。日本と韓国の試合で飛び散る火花とは、どこか違う気がする。

二〇〇〇年一〇月、韓日共催FIFAワールドカップのヨーロッパ予選の一戦、ベラルーシVSアルメニアをミンスクのディナモ・スタジアムで観戦した時のことは忘れられない。試合は、ベラルーシが前半に二点を先制するも、後半早々にアルメニアが一点を返し、その後は防戦一方となっていく。その時である、スタジアムがざわついたのは。少なからぬ人たちが、試合そっちのけで電光掲示板に見入っている。そちらに目をやると、同時に行われていた試合でロシアが勝っているという途中経過が出ていた。それを見て小さくガッツポーズをする観客などもおり、何か変な感じである。後日あるスポーツ記者に聞いたところ、ベラルーシの試合と同時にロシアの試合がある時には、その途中経過を掲示するのがならわしなのだという。

民族共存の楽土

ことほどさように、ベラルーシにおけるナショナリズムは何とも弱々しい。一般的に言えば、あまり自慢のできるようなことではないだろう。しかし、悪いことばかりではない。というのも、ソ連末期から各地で民族紛争が多発するなかで、唯一ベラルーシだけはその種の事件と無縁だったからである。旧ソ連一五共和国のなかで、民族間の深刻な衝突や、マイノリティによる分離主義運動が一度も起きたことのない国は、ベラルーシだけのはずだ。

歴史を遡っても、侵略者や外来支配者による弾圧を別にすれば、当地では民族間の衝突というものはまったくと言っていいほど知られていない。現在のベラルーシの地が属したリトアニア大公国の法典は、ヨーロッパのなかでも先駆的に信教の寛容をうたっていた。異なる民族・宗教同士が平和的に共存することは、この土地の伝統であるらしい。

ベラルーシは、東方正教文明と西欧カトリック文明がせめぎあう前線に位置してきた。にもかかわらず、ベラルーシの歴史を紐解いても、正教住民とカトリック住民の抗争というものがほとんど出てこない。もちろん、教会堂の奪い合いといった類の悶着が起きることはある。しかし、それが抜き差しならない憎悪を生み、流血沙汰につながるということが、不思議とないのである。

ロシアでは一七世紀後半に正教の典礼改革が行われ、その受入を拒否した人々は異端として破門された。彼らのことを「古儀式派」と呼ぶ。そして、ロシア国家から迫害を受けた信徒の多くが安住の地として逃れた先が、現在のベラルーシ領だった。当国の東部には、古儀式派が切り拓き、現代まで伝統が保持されてきた集落がいくつかある。

かつてのユダヤ人街の面影をとどめるモギリョフ州ボブルイスク市の街並み

ベラルーシの地には六〇〇年ほど前から、少数ながらタタール人も定住している。傭兵として起用されたのが起源とされる。一八世紀頃までに言語的にはベラルーシ化(またはポーランド化)し、アラビア文字でベラルーシ語を表記するという珍しい文書を残している。それでも、イスラム教スンニ派の教義は長らく保持され、二〇世紀初頭にはベラルーシ各地に一五のモスクがあった。

そして、民族共存の伝統のなかでも最たる事例は、やはりユダヤ人であろう。一四世紀の末頃から当地に住むようになり、金融や商業を営んだ。一六世紀になると、ドイツやポーランドから多数のユダヤ人がベラルーシ中部・東部に移り住む。帝政ロシアの時代にはベラルーシやウクライナの領域が「ユダヤ人定住地域」とされていた。一九世紀末の時点で、ベラルーシ地域には一二〇万ものユダヤ人が居住し、都市住民の圧倒的な多数派はユダヤ人であった。

帝政末期からロシア革命の時期にかけて、ウクライナ地域を中心に、民衆が(一部は官憲も荷担する形で)ユダヤ人に対して略奪・殺戮を働く事件が波状的に起こった。歴史上「ポグロム」と呼ばれているものである。しかし、ベラルーシ地域では、一九〇三年のゴメリなど若干の騒乱はあったにせよ、ウクライナで見られたような爆発的なポグロムとは無縁であった。

第二次大戦中にも、ウクライナ人やリトアニア人と違い、ベラルーシ人はナチス・ドイツにユダヤ人を密告したり突き出したりすることをほとんどしなかった。そのことが原因となり、ナチスによるベラルーシ住民の虐殺が過酷化したという悲劇もある(松里公孝氏のご教示による)。

生き続ける共存の伝統

正教とカトリックの共存は、現代のベラルーシ社会にも見事に引き継がれている。この国では、正教徒とカトリックの結婚はごく当たり前のことである。宗派の違う両親が子供を双方の教会に連れて行き、どちらも尊重するように教育する美風すらあるという。ベラルーシで実施されたある社会学調査によれば、配偶者を選ぶ際に、同じ民族であることが非常に重要であると考えているのは一二パーセントだけであり、宗教についての同様の数字も一七パーセントにすぎない（[75]108）。

これに対しユーゴスラヴィアでは、セルビア人とクロアチア人の積年の対立が、最後には凄惨な内戦に至ってしまった。同じような顔をし、ほぼ同一の言葉を話す両民族。両者の違いは、突き詰めて言えば、前者が正教徒で後者がカトリックということだろう。ユーゴでも、八〇年代までは諸民族が概ね平和的に共存し、民族間の結婚も増えていた。にもかかわらず、宗教を同じくする人間を「我々」、異にする人間を「彼ら」と見なす意識が、抜けきらなかったということなのだろうか。

ベラルーシの人たちは、まるで血液型や星座でも教え合うように、実に屈託なく自分の民族的出自や信教を明らかにする。ロシア系やポーランド系の人々の場合は、元支配者と言えなくもないから、堂々と振る舞うのも理解できる。個人的に驚いたのは、こちらが尋ねてもいないのに、「実は私の祖父はジプシーで」というような話を何人かから聞かされたことだ。ジプシー（ロマ）はヨーロッパで差別的な境遇に置かれたマイノリティであり、そうした血筋を堂々と語れるというのも、ベラルーシならではとは言えまいか。

ソ連崩壊後、民族間の紛争・反目や社会的混乱などから逃れるために、もともと住んでいた共和国から別の共和国へと移住する人々が少なくなかった。これに関連してブホヴェッという学者がベラルーシについてのケーススタディを行っている。これによれば、九二年から九八年にかけて、二〇万人がベラルーシから他の共和国へと流出し、逆に三八万人が他の共和国から流入している。注目すべきことに、ベラルーシは残りの一四共和国すべてとの間で入超を記録している（当然、そうした国は旧ソ連で一つしかない）。入国者の出国者に対する比を相手国・地域別に見ると、対ロシアでは一・四倍、ウクライナ一一・六倍、モルドヴァー二・二倍、中央アジア五カ国一六・四倍、コーカサス三カ国一七・四倍、バルト三国一八・二倍で、いずれも純流入である。しかも、ベラルーシへの移住者のうち、民族的なベラルーシ人は四六パーセントにすぎず、残りは他民族が安住の地を求めてやって来たものだ([47]84, 89)。

中央アジアやコーカサスの民族紛争を逃れてベラルーシに来た民のなかには、チェルノブイリ原発事故で放射能に汚染された立入禁止区域に移り住んだ向きすらあった([1]183[54]33-34)。このような現実を目の当たりにすると、ナツィオナリズムは戦争と同様に恐ろしいとするルカシェンコ大統領の言説すら、何やら説得力を帯びてくるではないか。確かにベラルーシは、民主化・市場経済化の落第生だ。人は、この国のナショナリズムの希薄さを笑うかもしれない。しかし、旧ソ連民衆の生活感覚からすれば、安心して住める国ナンバーワンなのである。我々は、こうした現実もまた直視しなければならないのではないか。

失敗したナショナリズム

前置きが長くなってしまった。要するに、ベラルーシという国は現在の東ヨーロッパのなかで例外的な存在であり、それを解く鍵が特殊な民族・国民意識にありそうだということである。

一般に、民族的アイデンティティというのは、きわめて強固なものと信じられている。そして、それに基盤を置く国民国家こそ、人間の帰属意識を最大限に引き出せるものとイメージされる。しかし、ベラルーシではどういうわけかそのメカニズムが不調だ。良い意味でも悪い意味でも、ナショナリズムは人々の情念をあまりかき立てていない。ブルーベーカーは、旧共産圏の新興諸国は程度の差はあれ基本的にすべて「民族化しつつある国」であると論じ、ベラルーシはその度合いが最も弱い国だと位置付けている([90]47, 79-80)。しかし、過去数年の動きを見る限り、この国は弱い該当例というよりは、むしろ「例外」なのではないかという疑問が生じる。

前出のスミスは、エスニック的な前提条件をもちながら、知識階級の不在といった諸事情により民族形成を軌道に乗せられなかったケースを、「失敗したナショナリズム」と呼んでいる([15]229)。ただ、普通はそうした失敗は人に気付かれもしないだろう。ナショナリズムに関するもう一人の高名な理論家であるゲルナーの言葉を借りれば、「吼え損なった潜在的ナショナリズムは、実際に吼えたナショナリズムよりもずっと数が多い」が、「われわれの注意をすべて引きつけてきたのは、吼えた方」なのである([11]73)。

その意味では、ベラルーシの存在は希有であり、劇的ですらある。ナショナリズムが「失敗」し、「吼え損なった」にもかかわらず、民族としてのステータスを与えられ、ひょんなことから独立国にまでなってしまったからだ。私たちは、ベラルーシの迷走振りを通じ、普段は見過ごしてしまう「ナショナリズムの失敗」という現象を、じっくりと検証することができる。

ある民族や国が、もっぱらナショナリズムの強烈さゆえに偉大であり、注目に値するというのなら、ベラルーシの出る幕はない。この愛すべき国は、日本人にも知られないままであろう。そこで私が考えたのが、あえてナショナリズムの失敗という観点からベラルーシを論じることである。翻って、それがナショナリズムをめぐる議論に一石を投じることにもなるのではないかという、密かな期待もある。国を紹介する本としても、ナショナリズム論としても、いささか型破りな本書ではあるが、ぜひ最後までお付き合いいただければ幸いである。

第１章

◆

悩めるナショナル・ヒストリー

「オルシャの戦い」について解説してくれたオルシャ歴史博物館の学芸員さん（オルシャの戦いとは，16世紀にリトアニア大公国軍が倍の規模のロシア軍に奇跡的な勝利を収めたもので，ベラルーシ民族派の誇り）

似ているようで違う歴史教科書問題

一九九九年、ベラルーシ科学アカデミー歴史研究所の年報が創刊された。研究所創設から七〇年目にして、初めて独自の機関誌をもつに至ったのである。本来であれば慶賀すべきところであるが、創刊号には研究所の精鋭四名が執筆した三五ページにも及ぶ異例の書評が掲載されている。ここでやり玉にあがっているものこそ、序章で紹介したベラルーシ教育省お墨付きの歴史教科書に他ならない。そう、ソ連崩壊を二〇世紀最大の悲劇と嘆いてみせた、あの教科書だ。書評の次のようなくだりをご覧になれば、事態の尋常ならざることがお分かりいただけると思う。

この教科書は一九九〇年代のベラルーシ共和国における歴史学・歴史教育の転換点となるものだ。九〇年代初頭にベラルーシ国民国家史観の基本点が形成され、それは九四〜九五年に歴史研究所によって刊行された二巻本『ベラルーシ歴史概要』にほぼ集大成されたが、本書はそれに対する反動である。……本書は、公然の秘密であるベラルーシ歴史学者の完全な分裂を白日の下にさらし、我が国の歴史に関し二つの見方が存在することを示した。第一に国民国家史観であり、第二にポスト・ソビエト(親ロシア)史観であって、後者は実質的にベラルーシ民族とその国民国家の独自性を否定し、ベラルーシの歴史を全ロシア／ソ連史の一部として見るも

のである。（[42]172）

つまり、歴史研究所が念願の機関誌をようやく手にした九〇年代末には、歴史学会はすでに反動の大波を被っていたのである。研究所はルカシェンコ政権から野党の巣窟と非難され、九九年にはコスチューク所長が解任されて、研究所とは縁もゆかりもないスタシケヴィチ氏がトップとして送り込まれた。実は最初に挙げた年報は、コスチューク氏を中心とするグループが秘密裏に編集を進め、半ば地下出版のような形で刊行にこぎ着けたのだった。これを最後に、「資金不足」という理由で、二号目は出ていない。ホームページも閉鎖されてしまった。アカデミーの自治の死である。

ところで、問題の教育省お墨付き歴史教科書は、内容的に偏向しているだけでなく、事実関係の誤りも多数含んでいた。歴史研究所による書評は、誤りを事細かに指摘し、記述の問題点を手厳しく批判する内容になっている。反動的で、間違いや問題点も含まれる歴史教科書に、良心的な歴史家が警鐘を鳴らす。私たち日本国民にも馴染みのある構図だ。言うまでもなく、「新しい歴史教科書をつくる会」の主導でつくられた中学教科書をめぐる騒動が連想されよう。

しかし、日本とベラルーシの歴史教科書問題には、一つ決定的な違いがある。我が国において多くの人が扶桑社刊の教科書を問題視するのは、その自国中心史観ゆえにであろう。自らの歴史や国民性を必要以上に美化し、神話や英雄伝説まで持ち出して、学習者に国民的忠誠心を植え付けようとする。それが近隣諸国の人々の感情を損ないかねないことには無頓着。「つくる会」教科書のこうした性格こそが、懸念の的となったのである。

ベラルーシの図式はあべこべである。気骨ある歴史家たちが批判を浴びせているのは、自民族の歴史に関してとことん低姿勢を貫いている教科書である。自らの独自性を強調したり、歴史を神秘化したりしない、実に謙虚な代物だ。

さて、私自身がこの論争でどちらの陣営を支持するかといえば、心情的には、問題の教科書を批判している民族派の歴史家たちにシンパシーを覚える。政権の弾圧にもめげず、国の独立を擁護し、その拠り所としての歴史意識を国民に根付かせようとしている彼らは、敬服に値しよう。

しかしながら、私が民族主義的な学説を全面的に受け入れているかといえば、それは別問題だ。むしろ、彼らと敵対している保守的な学派の「自虐的な」叙述の方が、より客観的に史実を描いているように思える場合もあり、ある種の好感を覚えないでもない。

このように二つの陣営が火花を散らすなかで、本書では日本の読者にベラルーシの歴史をどう伝えたらいいのか？　何しろ私のこの本は、ベラルーシについて書かれた我が国で最初の単行本である。ひょっとしたら最後かもしれない。本来であれば、「物語ベラルーシの歴史」を魅力たっぷりに描きたいところだ。しかし、この国でそれをやっても、空々しいだけの結果に終わってしまう。

そこでこの章では、ちょっとひねりを利かせて、ベラルーシ国民がナショナル・ヒストリーを構築するうえでどのような難問に直面しているかという観点から、この国の歴史を紹介してみようと思う。しばし、彼らと一緒に悩んでみようではないか。他の国の完成された国民史を学んだりするよりも、本質的な何かが見えてくるかもしれない。

残念ながら通史を詳述する余裕はないので、巻末の「ベラルーシ歴史年表」で大まかな流れをつかんでいただきたい。それを踏まえたうえで、以下の第一節では、最も重要なポイントに絞って、ベラルーシ国民史のジレンマを論じる。第二節ではその延長上で、「偉人」というものを通じてこの国の歴史と現在を考察することにしよう。

第一節　「国民の歴史」という蜃気楼

ベラルーシ人はいかにして形成されたか

どんな国でも、民族の起源や形成過程をめぐる議論は紛糾するものだろう。ベラルーシ人の場合はどうだろうか。

実は、ベラルーシ人のルーツ自体は、比較的はっきりしている。現在のベラルーシの地には、もともとバルト系の住民（つまりリトアニア人やラトヴィア人の祖先）が住んでいた。六〜八世紀に、ベラルーシ南部にスラヴ人が流入し始める。スラヴ人はバルト系の先住民を徐々に同化させつつ、その領域を広げていった。九世紀頃までには現ベラルーシの領域で、北東部のクリヴィチ族、中部のドレゴヴィチ族、南東部のラヂミチ族という、東スラヴ系の三つの部族連合が割拠する形となった。これら三部族連合こそが「原ベラルーシ人」だったのであり、その融合により今日のベラルーシ人が形成されたのだと考えられている。

この見解は、あまねく認められた定説と言っていい。ならば、民族の起源・形成にまつわる論争などベラルーシ人には無縁かといえば、それが全然そんなことはないのだ。この問題はベラルーシ人を悩ませてきたし、今も未解決である。とりわけ紛糾するのは、同じ東スラヴ系のロシア人、ウクライナ人と、いつどのように分岐したのかという論点である。九世紀末、現ウクライナの首都であるキエフを中心とした「キエフ・ルーシ」が成立し、東スラヴ人(ルーシ人)の土地を統合した。それが、いかなるプロセスを経て、我々の知っているような三民族になったのか。

ノセヴィチというベラルーシの歴史家が整理しているところによると、これまでこの根本問題に関して、大別すると次のような三つの説が唱えられてきた([85]11-30)。

①「種族説」。ロシア、ウクライナ、ベラルーシの三民族は、同じ東スラヴ系ではあっても、それぞれを形成した種族がそもそも異なっていたので(ベラルーシの場合はクリヴィチ、ドレゴヴィチ、ラヂミチ)、種族的な特徴が各民族の個性となったという考え方。

②「基層説」。東スラヴ人が現在の領域に移り住むと、先住民(これを基層という)を同化させてその特徴を取り入れ、それぞれの基層の違いにより三民族に分化したというのがこの説。ベラルーシ人は東スラヴ人とバルト人のブレンドでできたのだから、フィン・ウゴル系住民と混ざったロシア人、スキタイ人と混ざったウクライナ人とは違うのだという立場。

③「古代ルーシ民族説」。キエフ・ルーシという統一国家が成立したことにより、種族的なばらつきは払拭され、単一の「古代ルーシ民族」が成立した。そこでは、単一の言語と、ロシア正教が共有されていた。ところが、統一国家が解体し、東西ルーシが異なった道を歩むにつれ、ロシア、ウクライナ、ベラルーシという民族が形成されていったという立場である。

勘の鋭い読者はもうお分かりであろう。論争の核心は、三民族はもともとかなり血筋が違っていたのか、それともかつては一体だったものが三つに枝分かれしたのかという点にある。そして、ベラルーシ人とウクライナ人がロシアから一本立ちし、独自の民族として自己確立しようとすれば、本件が死活的になってくることもお察しいただけるのではないか。①と②のように、三民族が多分にルーツを異にしたという主張は、ベラルーシ人とウクライナ人に分離の根拠を与える。それに対して③は、血を分けた三兄弟が運命のいたずらで一時は離れればなれになったけれど、ともに暮らすのが本来の姿だという理屈になり、ロシアによる支配を正当化することにつながる。

帝政ロシア時代の一九世紀には、三位一体の「ロシア民族」という大きなくくりがあり、それが「大ロシア人」(これが現在のロシア人のこと)、「小ロシア人」(現在のウクライナ人のこと)、「白ロシア人」の三つの支族に分かれるというのが公式的な解釈であった。それを歴史学の立場から裏打ちしたのが、古代ルーシ民族説だったと言える。

ベラルーシ人やウクライナ人が独自の民族に脱皮することは、取りも直さず、この図式を打破することだと言っても過言でない。二〇世紀のベラルーシ・ナショナリストは、ベラルーシ語はロシア語の方言にすぎず、ベラルーシ人は独自の民族でないというステレオタイプを、「西ロシア主義」と呼んで批判した。

このような背景に照らすと、当節ベラルーシで民族派の識者が躍起になって種族説、基層説を唱えていることの意味も理解されよう。私がインタビューした父スタニスラフ、息子エドゥアルドのドゥベネツキー親子は、ベラルーシ人のルーツについて、二人揃って熱弁を振るってくれた。

ベラルーシ人が固有のエトノスとして形成されたのは一〇～一三世紀であり、当時すでに独自の自意識、国民性、宗教、言語をもっていました。その原形はさらに古く、二〇〇〇～三〇〇〇年も前に形成され、その特徴が遺伝的に世代から世代へと受け継がれてきたのです。文化的ルーツはその時代の異教であり、ヨーロッパでこのように古い文化の影響が大きいところは他にありません。クリヴィチ、ドレゴヴィチ、ラヂミチの三種族が一貫してこの土地に住み、先住民のバルト人と混ざり合ったのですが、スラヴ人とバルト人はもともと人類学的に近い間柄。三種族はロシア人、ウクライナ人、ポーランド人には全然似ていませんでした。ドヴナル-ザポリスキーという学者などは、ベラルーシ人は最も純粋なスラヴの種族であると言っています。現に、スラヴ人発祥の地はベラルーシ南部のポレシエ地方であるという説も。ロシア人がモンゴル・タタールと大々的に混ざり合ったのに対して、ベラルーシ人は形成されてそれっきり。どことも戦争をせず、混合せず、自らのルーツをひたすら保持したのです。

と、種族説と基層説を折衷した立場に立ち、古代ルーシ民族説を一蹴していた。「異教」「最も純粋なスラヴ人」「ポレシエがスラヴ発祥の地」というのも、民族派の人からよく聞く話だ。

そして、古代ルーシ民族説を論駁したい人たちの切り札こそ、彼らがベラルーシ国家の源流と位置付ける「ポロツク公国」である。実はキエフ・ルーシの国家的なまとまりは緩やかであり、各地に都市国家・領域国家が割拠している状態だった。九世紀から一〇世紀にかけてクリヴィチ族により形成されたポロツク公国も、そうしたものの一つだった。

民族派に言わせると、ポロツクが初めて年代記に登場した時、それはウクライナのキエフ、ロシアのノヴゴロドと同格の存在として描かれていたのであり、決して「弟」としてではなかった、現にこれらの三都市には同じようにソフィア大聖堂があるではないか、ということになる。ルーシ世界がモンゴル・タタールの支配に長期間苦しんだのに対し、ポロツク公国は例外的にその支配下に入らなかったとされる点も、しばしば強調される。

だが、民族派知識人の奮闘にもかかわらず、ベラルーシ人が独自の民族であるという意識は、独立を経た今なお、完全には根付いていない。二〇〇〇年の調査機関「ノヴァク」による世論調査で、「あなたの見るところ、ベラルーシ人とは何者か」と尋ねたところ、「三位一体のロシア民族の一つ」とした回答者が四三パーセントに上り、「個別の自立した民族」という回答(五〇パーセント)に肉薄したのである([48]22)。少なからぬ国民が今でも「西ロシア主義」を受け入れているのだ。

ポロツクのソフィア大聖堂 18世紀に「ヴィルノ・バロック様式」で再建されたので，キエフおよびノヴゴロドのそれとはかなり外見が異なる

リトアニア大公国は何人のものか

ヨーロッパの歴史にご関心をおもちの方なら、中世の東ヨーロッパに「リトアニア大公国」という強国があったのをご存知かもしれ

ない。一三世紀半ばに建国された〈大公国〉は、最盛期にはその版図をバルト海から黒海にまで広げ、現リトアニアおよびベラルーシの全域と、ウクライナ領の大部分を支配していた。

さて、そのリトアニア大公国は、何人《なにじん》の国だったのか？　大方の読者には愚問に聞こえるだろう。国名からして、リトアニア人の国に決まっていると思われるに違いない。日本で出ている一般向けの歴史書や旅行ガイドブックにも、だいたいそう書いてある。ところが、ベラルーシ国民主義史学では、この国がベラルーシ国家ないしはベラルーシ・リトアニア国家であったと考えられているのである。もしこれが正しければ、ベラルーシ人は歴史的に自前の国家をもったことがなかったどころか、中世に一大強国を築き上げたことになるのだ。だが、そんな主張は諸外国から取り合ってもらえないし、もっと深刻なことには、自国民にもそれほど浸透していない。リトアニア大公国をめぐる問題こそ、ベラルーシ国民史における最大の争点なのだ。

ベラルーシ国民主義史学のなかでも急先鋒が、エルモロヴィチという在野の歴史研究家だった。彼は各種の史料を独自に調べ上げ、定説に真っ向から挑戦する新説を唱えた。すなわち、〈大公国〉は、バルト人(リトアニア人の祖先)がスラヴ人(ベラルーシ人の祖先)を征服することによってではなく、後者が前者を屈服させることによって成立したと主張したのである。エルモロヴィチは一九六〇年代後半には処女作『一つの神話をたどって』を脱稿していたが、当然ソ連体制下ではそれを公に披露できず、ようやく一九八九年になって刊行にこぎ着けた([52])。エルモロヴィチが弱視というハンディを押して独力でこの仕事を成し遂げたこともあり、その学説のみならず彼自身が神格化されることとなる。折りからの歴史の見直しの波に乗り、エルモロヴィチは時代の寵児となり、民族主義的な歴史観を象徴する存在となった。

エルモロヴィチ説はあまりに極端であるにしても、ベラルーシのナショナリストたちが〈大公国〉にこだわるのには、それなりの根拠がある。〈大公国〉の創始者であるミンドヴグ(ミンダウガス)公が一二五三年にリトアニア王として戴冠した場所は、現代のリトアニア人は認めたがらないが、ベラルーシ北西部のノヴォグルドクというところだったという説が一般的である。バルト人がほとんど住んでいないこの土地が、〈大公国〉発祥の地となったのだ。現リトアニアのヴィルニュスに〈大公国〉の首都が移ったのは、それから七〇年後のことであった。

しかも、領土的に拡張するにつれ、〈大公国〉はルテニア化していく(ベラルーシ人とウクライナ人の祖先である東スラヴ系住民のことを「ルテニア人」と呼んだ)。ルテニア人は〈大公国〉の住民の多数派を占め、経済・文化的にもより先進的だった。バルト人は少数派で、キリスト教の受容も遅れていた。確かに、〈大公国〉に君臨した王朝はバルト系であったが、大公が一族の者をルーシ各地に支配者として送り込むと、彼らが正教やルーシの文化を受け入れて現地に同化することが多かった。実際、〈大公国〉の公用語は西ルーシの言語(古ベラルーシ語に相当)だったのだ。

現代ベラルーシの国民主義史学で〈大公国〉がルテニア化していた証左として最大級の評価を受けているのが、一五八八年の〈大公国〉第三法典の制定である。その頃、〈大公国〉はポーランドの支配下に組み込まれようとしていたのだが、法典は〈大公国〉の自立を擁護する内容だった。また、当時としては先進的だった同法典は、近隣諸国にも影響を与えたと言われている。そして、法典の制定に尽力し、前文も執筆しているのが、ベラルーシ系の大貴族で、のちに宰相に上り詰めるレフ・サ

第3法典の制定に尽力したレフ・サペガ

ペガであった。しかも、法典自体が古ベラルーシ語で書かれていたうえに、この言語を公用語と明記した条文も含まれていたのだから、ベラルーシの歴史家が色めき立つのも当然だろう。

そもそも、「リトアニア」という呼称は、歴史的な変遷を経て、最終的に現在のような意味で定着したということを知っておくべきであろう(なお、「リトアニア」というのはおそらくラテン語読みにならったものであり、現地の各言語では「リトヴァ(リェトヴァ)」である)。図1に見るように、もともと「リトヴァ」は、現在のリトアニア東部(アウクシュトータ)とベラルーシ西部(黒ルーシ)に広がる地域を指す呼称であった。この領域のことを「歴史的リトヴァ」と呼び、そこには当然のことながらベラルーシ人の祖先となるスラヴ人が住んでいたことに注意する必要がある。逆に、現リトアニア西部のジェマイティヤと呼ばれる地域は、エスニック的にはバルト系でアウクシュトータに近いものの、〈大公国〉の安定した版図ではなく、歴史的リトヴァには含まれない。

ちなみに、リトアニア大公国は領土が拡張するにつれ名称も肥大化し、最終的には「リトアニア・ルーシ・ジェマイティヤ大公国」と称するようになる。「リトアニア」はむろん歴史的リトヴァを指しており、これが〈大公国〉の中核であった。「ルーシ」とは現ベラルーシ東部およびウクライナ地域のこと。ただし、「ルーシ」においても、知識階級がリトアニア大公国の人間という政治的な意味で、「リトヴィン人」という自称を用いることがあった。

このように、史実を公平に見るならば、リトアニア大公国がもっぱら、現代的な意味でのリトアニア人の国であったわけではない。王朝がバルト起源でも、住民の多数派はルテニア人であり、その言語と文化が重要な役割を果たしていた。

ところが、一九世紀にヨーロッパのこの地域で、「エスノナショナリズム」と呼ばれる潮流が強まる。これは、言語、身体的特徴、民俗文化などの共通性にもとづいて民族・国家を形成しようという運動である。これに伴い、一九世紀末以降、「リトアニア(リトヴァ)」が再定義されてしまう。すなわち、同じバルト系でエスニック的・言語的に近いアウクシュトータとジェマイティヤをひとくくりにしてリトアニアと呼び、そこからスラヴ人を除外する立場が支配的になっていくのである。その要請に沿って、「我々リトアニア人は黒海からバルト海に至る強大な国家を築いたのだ」という単

(出所)[59]などをもとに筆者作成.

図1　リトアニアと「歴史的リトヴァ」

ヴィルニュス旧市街の「夜明けの門」

純化した神話が語られ始める。そのイメージが国際的にも定着し、今に至るのだ。

逆説的にも、かつてのソ連史学は、〈大公国〉がもっぱらリトアニア国家だったというステレオタイプを後押ししていた。ベラルーシ人がリトアニア人によって征服・迫害されていたと強調することで、西ルーシへのロシアの進出を同胞解放の闘争として正当化したのである。

リトアニアに観光に行かれたことのある方なら、ヴィルニュス旧市街の南の外れにある「夜明けの門」という旧跡に立ち寄られたはずである。この門の外壁には、「ヴィティス」という紋章が掲げられている。これは〈大公国〉の紋章を踏襲した現リトアニアの国章であり、ベラルーシの「パゴーニャ」と同じ騎士の図柄である。ソ連時代には禁止されていたが、ヴィルニュスで唯一、この門にだけは残っていたといういわくつきのものだ。ドイツやソ連による理不尽な侵略・支配にもかかわらず、中世の栄光を胸に、この街のリトアニア人は自由・独立を求め続けた。旅行ガイドブックなどを読むと、夜明けの門はそんな文脈で紹介されている。

旅行者にとって、このような分かりやすいナショナリズムの物語は、感情移入しやすい。だが、次のような事実を知ったら、歴史の深淵の前に立ちすくむのではないか。第二次大戦前には、ヴィルニュス市の人口に占めるリトアニア人の比率は一～二パーセントにすぎず、住民はほとんどがユダヤ人とポーランド人だったこと。そのヴィルニュスがリトアニア領になったのは、あの悪名高き独ソ間のモロトフ＝リッベントロップ秘密議定書の賜物だったこと。ナチス・ドイツがユダヤ人を抹殺し、終戦直後にソ連がポーランド人を追放したことで、結果的に民族構成でもヴィルニュスがリトアニア人の街になったこと。他方、一九世紀末の調査によれば、ヴィルニュス郡全体で一番人口が多かったのはベラルーシ人であり、ベラルーシ・ナショナリストは今でもヴィルニュスの喪失を悔いていること。パゴーニャ／ヴィティスのルーツはベラルーシのノヴォグルドクにあると考えられていること。現在のリトアニアを構成している歴史的な二つの地域のうち、アウクシュトータはともかく、ジェマイティヤの紋章は熊をデザインした別のものだったこと……。

悲しいかな、名前のつながりを確保したリトアニア国民と違って、ベラルーシ国民が〈大公国〉を祖先の国と想像するのには、どうしても難しさが伴う。何しろ、肝心のルカシェンコ大統領が、隣の国の国章を真似るなどナンセンスと言い放ち、パゴーニャを廃止してしまったのだから、偏見の根は深い。

士族共和国とその遺制

リトアニア大公国と西隣のポーランド王国は、一五六九年の「ルブリン合同」により、連邦国家「ジェチポスポリタ〈共和国〉」を創設する。実態はポーランドによる〈大公国〉の併合に近く、リトアニア人やベラルーシ人の祖先たちは実質的にポーランドの支配下に入ったのだった。

当時のポーランドの政治体制は、「シュラフタ民主制」と呼ばれる。人口の一割程度を占める「シュラフタ」と呼ばれる貴族(士族)が特権を享受し、政治の主導権を握っていた。彼らは、自分たちは土着農民とは血筋の違う古代騎馬民族の後裔なのだと自任し(これを「サルマティア伝説」という)、その優位を正当化していた。〈大公国〉の貴族層にとってもこのようなシュラフタのあり方は魅力であり、多くが進んでそれに同化し、ポーランド語とカトリック信仰を受け入れていった(西スラヴ語のポーランド語は、ルテニア人にとってまったく異質な言葉ではない)。逆に言えば、これらを受け入れれば、ルテニア人の貴族であっても、士族共和国ポーランドのれっきとした構成員になることができた。

しかし、〈共和国〉のシュラフタ民主制は機能不全に陥っていき、列強からの干渉を招くことになる。一七七二年、九三年、九五年と三次にわたって、ロシア帝国、ハプスブルク帝国(第二次には不参加)、プロイセンによる領土分割が行われ、結局〈共和国〉はヨーロッパの地図から完全に消え去ったのであった。現ベラルーシ領はほぼ全面的に帝政ロシアに編入され、以後約二世紀にわたり、主としてロシアがこの地の支配者となる。

むろん、〈共和国〉の人々が、何の抵抗もなくロシアの支配に甘んじたわけではない。一七九四年には、第二次分割に反発して有名な「コシチューシコ蜂起」が起きている。一九世紀にも、一八三〇〜三一年の「一一月蜂起」、一八六三〜六四年の「一月蜂起」と、ロシアの専制支配を打破し旧〈共和国〉を再興することをめざした大規模な反乱が二度あった。

言うまでもなく、一八世紀末に自らの国家を失ったことは、ポーランド人にとって痛恨であった。

しかしながら、ポーランド人はそれをバネに、ロシア支配への抵抗を繰り返すことで、近代的な民族に成長していったというとらえ方もできる。だからこそ、コシチューシコはポーランド史上最大の英雄の一人と位置付けられるようになるのであろう。

ところで、民族形成過程の本質は、エリート層が地元の庶民と自己同一化し、それをまとめ上げる点にあるというのが、私の理解である。近世から現代にかけての時期に東ヨーロッパでは、身分制にもとづくヨコの連帯が崩れ、地域ごとにタテ方向に団結して民族的な統合を図ることが主流となっていく。そしてポーランドでは、皮肉にも国家の消滅という苦難に触発される形で、ひとまずそれが軌道に乗ったと言うことができる。

さて、先に挙げた一連の蜂起に際しては、ベラルーシ地域でもそれに呼応してロシアに反旗を翻す動きがあった。それならば、これらの反ロシア闘争は、ベラルーシの民族形成にも弾みを付けただろうか。何しろ、くだんのコシチューシコは、ポーランドの国民的偉人とされているものの、実はベラルーシ地域の出身者なのだから。

ところが、ベラルーシの場合には、特有の難しさがあった。貴族がポーランド語とカトリック信仰を受け入れていたのに対し、農民は土着の言葉(今でいうところのベラルーシ語)を話し、多くがロシア正教または「ユニエイト」を信仰していた(ユニエイトとは、正教の典礼を維持しながらカトリックの教義を受け入れた折衷的な宗派で、一五九六年のブレスト教会合同で成立)。ベラルーシ地域の貴族たちは一九世紀に入っても相変わらず、地縁・血縁を同じくするはずの土着民とではなく、文化を共有するポーランド本国の貴族と連帯しようとしたのである。

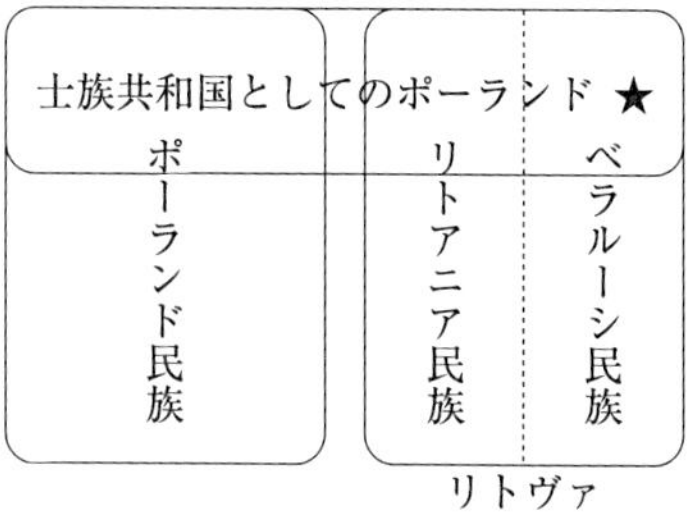

図2 「ポーランド」の概念図

これを概念図に表すと、図2のようになる。コシチューシコは図中の★のところに位置する。彼は、士族共和国の臣民という意味でポーランド人だったのであり、現代的な民族の範疇をしいて適用するならば、ベラルーシ人と見なすのが妥当だ。にもかかわらず、コシチューシコの視野に「ベラルーシ」はまったく入っていなかった。現に、一七九四年の蜂起の際に、一枚岩のポーランドを志向するコシチューシコらワルシャワの指導者は、リトヴァの分離主義を封じ込めている。

意外なことに、ロシアに併合されてから一八三〇年の一一月蜂起まで、旧〈大公国〉領で進んだのはロシア化ではなく、一層のポーランド化であった。この間、当地のシュラフタは単にポーランド語を話すだけでなく、自意識の面でも「ポーランド人」になったとされる。その代表格が、やはりベラルーシ地域の出身でありながら、「ポーランドの国民的詩人」と呼び称されるようになるミツキェヴィチである([63]55-56)。

それでも、〈大公国〉のシュラフタは依然として、「生まれはリトヴァ、国はポーランド」という二重のアイデンティティをもっていたと考えられている([63]54-56)。実際、「ポーランドの国民的叙事詩」と讃えられるミツキェヴィチの『パン・タデウシュ』を紐解いても、そこで詠われているのは現代的な意味でのポーランドではない。「リトヴァ！　我が祖国！　汝は健康にこそ似る　その価値をしみじみと知るのは、ただ健康を失った者のみ」([33-1]17)という有名な冒頭から明らかなように、これはリトヴァ讃歌というべきものである。言わずもがなであるが、この場合の「リトヴァ」は現ベラルーシを含んだ歴史的リトヴァのことである点に留意されたい。

帝政ロシア西部では、一八三〇年の蜂起後、ポーランド的要素が敵視されるようになり、「ロシア化」の圧力が強まる。逆説的に思えるが、その結果ようやくベラルーシ理念らしきものが胚胎し始めたということのようだ。貴族の子弟がロシアの学校や大学で学ぶようになり、ポーランドの影響を受けにくくなった。折りしもロシアでは農民文化への関心が高まっていた時期であり、このことはベラルーシ地域でも貴族層が現地農民を同胞と見なすことを促した。一八六三年の一月蜂起の際にベラルーシ地域で急進派を形成した零細シュラフタの多くは、もはや自分をポーランド人とは考えず、地元農民への親近感をもっていたと考えられるという([63]61-62)。

そして、この世代を代表する人物が、カリノフスキーである。一八六二年に非合法ながらベラルーシ語による初の新聞『農民の真実』を発行し、翌年の一月蜂起の先頭に立つも、ロシアの官憲に捕らえられて絞首刑に処せられた。農民の解放をめざして戦い、その言語(ベラルーシ語)と信教(ユニエイト教会)を擁護した彼は、悲劇的な結末も含め、近代以降のベラルーシで最初の民族的英雄と呼ぶにふさわしい。

にもかかわらず、結局カリノフスキーがめざしていたのは、ベラルーシの独立というよりも、〈大公国〉の枠組みを踏襲したリトアニア・ベラルーシ国家の自立であった([58]111)。ベラルーシ独自の民族理念がより明確な形で唱えられるには、さらに一世代以上の時を要することになる。

「土地の者」の悲喜劇

ベラルーシ人の民族的アイデンティティの不明確さを象徴する「トゥテイシヤ」という言葉がある。かつて当地の農民に「お前は何人《なにじん》か」と尋ねても「ベラルーシ人」という返答は得られず、「トゥテイシヤ(この土地の者)」という答えが返ってくるのみだったとされる点から来ている。ただ、「土地の者」という意識は、何もベラルーシに限った現象ではないだろう。東ヨーロッパの農村では、一九世紀のある時期まで、どこでもそうだったのではないか。問題は、当地においては、ある特殊事情により、二〇世紀に入っても民族形成が停滞し、独立国家を獲得した今なお「土地の者」意識が抜け切っていないことである。

特殊事情というのは、数世紀にわたり、民族的に近いロシア人とポーランド人によって交互に支配されてきたことである。東西の両雄とも、ベラルーシ民族の独自性を認めず、その土地を自分たちの固有の領域と見なし、住民は同化にさらされた。当然ベラルーシ独自の民族形成は抑制される。ところが、ロシアとポーランドによる支配は、住民の完全な同化をもたらすほど永続的でも、徹底したものでもなかった。住民のうちで正教徒がロシア人、カトリックがポーランド人という意識を漠然と抱く現象こそ生じたものの、国民全体としてはどちらにもなりきれず、かといってベラルーシ人という積極的な意識も育つことがなかったというわけだ。むしろ、そのような煮え切らない人々として、ベラルーシ人の存在が浮かび上がってきたと言うべきか。

確かに、二〇世紀に入って、ベラルーシ人の民族運動もようやく形を整え始めることは事実である。一九〇三年には、ルツケヴィチ兄弟らが初の政党「ベラルーシ社会主義会議(グロマダ)」を結成し、社会変革とベラルーシ民族の自決をめざした。一九〇六年にはグロマダの活動家らが最初の合法的なベラルーシ語新聞『ナーシャ・ニヴァ』を創刊し、一〇年間にわたって文芸・啓蒙運動を担う。しかし、西ロシア主義と大ポーランド主義の狭間で、変革と自決を叫ぶベラルーシ知識人の声は、後進的な農村にはまったく届かなかった。こうして、民族形成のプロセスが宙ぶらりんなまま、ベラルーシは一九一七年のロシア革命を迎えることになる。

「トゥテイシヤ」の舞台装置

ベラルーシの古典作家であるクパーラの戯曲に、ずばり「トゥテイシヤ」という作品がある。舞台は革命と内戦に揺れる一九一八～二〇年のミンスク。主人公のミキータは下級官吏で、定見や理念を一切もたない人物。帝政ロシア、ドイツ軍、ソビエト、ポーランドと猫の目のように支配者が代わるなか、ミキータが臆面もなく彼らに追従していく様子が、ユーモラスに、そして辛辣に描かれていく。ミキータと好対照をなすような形で、ヤンカという教師が登場する。民族理念を抱き、働き者で善良といったベラルーシ人らしい美徳を体現しながら、どこか空想家的なところがあるヤンカ。風見鶏のように立ち回るミキータと、理想に生きるヤンカ、最後に彼らにどんな運命が待っているかというと……。

私は幸いにも、二〇〇〇年にミンスクのクパーラ記念劇場でこの芝居を観ることができた。舞台装置からして振るっていて、向かって右手には重厚なロシア正教の教会堂、左手には壮麗なカトリック聖堂がそびえ、真ん中に素朴な木造の教会がぽつんと立っている。正教とカトリックの教会が左右から代わるがわるせり出しては猛威を振るうという展開は、ベラルーシの運命そのものだ。もともと民族主義的である原作を、演出家のピニギン氏がかなり大胆な芝居に仕立てていた。クパーラ劇場で濃密な愛国的雰囲気を共有できたことは、私にとってもかけがえのない想い出となっている。それだけに、二〇〇一年に「トゥテイシヤ」が政治的な理由で上演停止に追い込まれた時には、胸の塞がる思いであった。

戦争と革命の落とし子

民族形成の帰趨が定まっていなかったベラルーシ地域は、一九一七年のロシア革命の結果、社会主義体制のソビエト・ロシアに組み込まれた(序章でも述べたように、独立国家「ベラルーシ人民共和国」を建国する試みは挫折する)。一九一九年一月一日、「白ロシア・ソビエト社会主義共和国(BSSR)」の創設が宣言される。紆余曲折を経て、BSSRは一九二二年一二月の連邦条約に参加し、ソ連邦を構成する共和国の一つとなった。

いかに有名無実のものであれ、ベラルーシという枠組みでの自決を認められたことは、本来であれば民族史上画期的な出来事と位置付けられよう。だが、厄介なことに、歴史を直視すればするほど、BSSRが偶然と打算の産物であったことが浮き彫りとなってしまう。

たとえば、初期のBSSRの最高実力者だったミャスニコフという政治家がいる。ソ連時代には、BSSRの形成に尽力した人物として描かれていた([39]250-251)。しかし、近年の歴史の見直しにより、同氏はベラルーシ人による民族自決など不要との立場からBSSRの創設に強硬に反対し、中央のレーニンらに説得されて渋々同意していたことが明らかになった([53]58-59)。

ならばレーニンがベラルーシ人民の理解者だったかというと、それも違う。ボリシェヴィキが、ソビエト・ロシア本体と欧州を隔てる緩衝国家としてBSSRを設置したということは、定説となっている。現に、最初のBSSR建国宣言からわずか半月後に、ロシア共産党中央委員会はベラルーシ側に何の相談もなく、ヴィテプスク、モギリョフ、スモレンスクの各県をBSSRからロシアに移管することを決めてしまった。レーニンは、BSSRは外国と国境を接している限りにおいて有用であるが、これら三県は対外国境をもたないのでとってしまって構わないと、直截に発言している([56-2]68)。

それのみならず、共産党は実質的にベラルーシ人から国家性を奪い取る決定を下している。ベラルーシにリトアニアとの合同共和国を創設することを命じたのだ。ポーランドとの戦争を見越して、西の守りを固めようとしたのだろう。ベラルーシとリトアニアの指導部も中央の指令に従わざるをえず、早くも一九一九年二月にはヴィルニュスを首都とする通称「リトベル共和国」が成立した。その直後にポーランド軍が侵攻し、リトベルはすぐに瓦解したので、今ではほとんど語られることもないものの、ソ連史の闇の一ページである。

その後、ポーランドとソビエトの戦争は膠着し、一九二一年三月のリガ条約で両国間の国境が定められる。その結果、ベラルーシは東西に分断され、東はBSSRとしてとどまり、西はポーランド領に編入された。この交渉過程でも、ベラルーシは粗末な扱いを受ける。ソビエト側は、ウクライナ部分の国境を自らに有利な形で引く代わりに、ミンスク県をポーランドに差し出しても構わないと申し出た。しかし、この時点ではポーランドもベラルーシ系住民を過剰に抱え込むことは望まず、同案を退けたのだという。自身歴史家でもある「在ベラルーシ・ポーランド人連合」のクルチコフスキ議長が、やや恩着せがましく私に語ったところによると、当時ベラルーシにはミンスク県しかなかったのだから、もしポーランドが同案を飲んでいたら、今日そもそもベラルーシというものは存在しなかった由。

それでも、革命ロシアを守るための捨て石としてではあれ、当時BSSRがつくられ、どうにか存続したからこそ、今のベラルーシがあることは間違いない。もしも、ベラルーシ人の民族意識の弱さにふさわしく、ロシアのなかの州や自治共和国という扱いになっていたら、ロシア人の大海に没していたことであろう。

パルチザン共和国の栄光と苦悩

一般に民族というものは、自らを「敵」と対置させることによりアイデンティティを育んでいく。ベラルーシ人の民族意識が未発達であったのは、歴史的にそのような特定の「敵」とのせめぎ合いのなかで自らを鍛え上げていく経験が乏しかったことにも起因している。ところが、二〇世紀になって超弩級の敵が登場する。ナチス・ドイツだ。

ベラルーシの人々が大祖国戦争(第二次大戦の独ソ戦)でどれだけの辛酸をなめたか、限られた紙幅ではとても言い尽くせない。以前は、この戦争でベラルーシ住民の四分の一が失われたと言われていた。しかし最近では、三分の一という数字が挙げられることが多い。これに関しては、ルカシェンコ政権と国民主義史学の見解が珍しく一致しているので、本書でもそれを採用する。

日本は、太平洋戦争に敗れることで、ようやく国民主権のまっとうな国に脱皮できた。その経験があるので、私たちはついこんなことを言いたくなる。「独ソ戦はしょせんヒトラーとスターリンという二つの悪の対決ではなかったのか。いっそのこと、ドイツがスターリン体制を倒してくれたら、ソ連はもっと早く自由化されたのではないか」。だが、ベラルーシ人にそんな議論を吹きかけても、噛み合わないだろう。最も凶悪な戦争機械が、自分の街や村に直に侵入し、荒れ狂っていったのだ(実際には、自国の首領であるスターリンが勝つために手段を選ばなかったことも被害に拍車をかけたのだが、一般国民の意識はそのことにはあまり及ばない)。この国の人たちにとってナチスとの闘争は、体制の選択などとは次元の異なる、文字どおり生死をかけた戦いだったのである。

この激闘をロシア人とともに戦い、ソ連の旗の下で勝利したことは、ベラルーシ国民に消えがたい記憶として刻まれた。また、ナチスが占領地のナショナリズムを奨励してロシア人と離間しようとした結果、ベラルーシ民族主義者＝ファシストと通じた敵、というイメージが植え付けられてしまった。

かくしてベラルーシは、非常に厄介な状況に陥っている。ナチスの侵略で想像を絶する辛苦を味

大祖国戦争についての説明に聞き入る若者たち
(ムスチスラヴリ歴史・考古学博物館にて)

わったことは、もちろん語り継いでいかなければならない。しかし、独立国家にふさわしい国民精神を育てるためには、ソビエト愛国主義やロシアとの兄弟愛といった神話を打破せねばならず、大祖国戦争の経験を相対化することがどうしても必要となる。

実は、一五世紀末から一七世紀後半にかけて、リトアニア大公国がロシアとの戦争に明け暮れていた時代がある。ベラルーシの土地は、争奪の対象であり、主戦場でもあった。特に、一六五四～六七年の対ロシア戦争は、ベラルーシ地域の人口を半減させ、戦前の人口レベルを回復するのに二〇〇年も要したとされている。そこで現代のベラルーシ・ナショナリストたちは、「歴史上、我々の命を最も多く奪ったのはナチス・ドイツなどではなく、ロシアだったのだ」と叫ぶのだが、もちろんそんな言葉は庶民の心にはなかなか響かない。

ベラルーシ各地の郷土史博物館の類を見学すると、全体の三分の一か、下手をすると半分近くは独ソ戦に関する展示と相場が決まっている。一般国民の歴史イメージは、だいたいこれに相応しているのではないか。歴史といえば、ナチスの侵略と蛮行→パルチザン戦と勝利→戦後復興、という筋書きであり、それ以前のクリヴィチだ、大公国だといったことは吹き飛んでしまっている。

私は一度だけ、モロジェーチノという街の郷土史博物館を訪れて仰天したことがある。独ソ戦の展示があってしかるべき最後の部屋に、民芸品が陳列してあったからだ。案内してくれた館の人に「大祖国戦争の展示はどうしたのですか」と聞くと、「数年前に撤去したのです」と言って、いたずらっぽく笑った。

この国で博物館から独ソ戦を取り払うというのは、日本で天皇制を公然と否定するくらいの大胆な行為である。後日この話をある識者にしたところ、それはかつてカルペンコ氏がモロジェーチノ市長、ゴンチャル氏が第一副市長だったことに関係があるのではないかということだった。なるほど、民主派の政治家としては例外的にカリスマ性と実行力を備えた二人であれば、そんな芸当も可能だったかもしれないと合点が行った。ただ、カルペンコはルカシェンコの有力なライバルと目されながら九九年に不自然な病死を遂げ、反体制運動の先頭に立っていたゴンチャルも同年に失踪するという状況で、気骨をもった人が今後出てくるかどうか……。

一緒に悩んでみたものの

以上見てきたように、ベラルーシの地に住みなす人々は、歴史的に幾多の辛苦に見舞われてきたけれど、そのこと自体はナショナル・ヒストリーを叙述するうえで必ずしも不都合ではない（ユダヤ人の例を想起すれば充分だろう）。国民史を構築しようとする人々の前に立ちはだかっている壁は、歴史のなかにベラルーシ民族の存在・理念を見出しがたく、最近になって偶然できた枠組みであることがどうしても目に付いてしまうことである。追いかけては逃げていく蜃気楼のように、なかなか「国民の歴史」にたどり着けない。

もっとも、それは別に恥ずべきことではないだろう。世界的には、ナショナリズムを高揚させるための作為的な物語として「国民の歴史」を語ることは、疑問視されるようになっている。たとえば、完成度の高いナショナル・ヒストリーをつくり上げてきたフランスでも、現在ではむしろその弊害が強く意識され、歴史家たちが躍起になって国民史の脱構築化を試みていると聞く。

こうした現実を知るにつけ、国民史という呪縛から自由な分、ベラルーシは逆に優位に立っているのではないかとも思えてくる。半端なナショナル・ヒストリーを語ろうとするよりも、狭い殻を打ち破った斬新な歴史観を打ち出してほしい。めざせ周回遅れのトップランナー！　私たちはつい、こんなことを考えがちである。

だが、ベラルーシで実際に国民主義的な運動に携わっている活動家や知識人にとっては、こうした考えはあまりにも悠長なものと映るだろう。フランスであれば、歴史家が今さら何を言おうと、「偉大な歴史を刻んできたフランス」というイメージは揺るがない。一方ベラルーシの場合は、今まさに「ベラルーシ」というものを内外の人々に認知してもらおうとしているところである。

私自身、ずいぶん思案を重ねた。よりによってナショナル・ヒストリーが最も未発達なベラルーシに、率先してそれを放棄するよう期待するのは、正しい態度と言えるのだろうか。結局、みすぼらしいイメージがつくられるだけの結果に終わりはしないか。かといって、「リトアニア大公国はベラルーシ国家だ」といった主張も、不毛に思える。それに、日本の「新しい歴史教科書をつくる会」の立場に批判的な私が、ベラルーシについては物語としての国民史を是認するとしたら、矛盾しているだろうし……。

ベラルーシの「悩めるナショナル・ヒストリー」は、私にとっても何とも悩ましいものになった。

第二節　ベラルーシに偉人はいるか

お札に人物が登場しない国

一九九八年のロシア経済危機の直撃を受けたベラルーシは、ハイパーインフレに見舞われた。そんな折り、九九年に中央銀行が導入したのが、次ページに掲げた五〇〇万ルーブル紙幣であった（価値は数百円にすぎなかったが）。

この時、私は「いよいよ来るところまで来たか」という感慨を禁じえなかった。いや、インフレの猛威の話ではない。紙幣のデザインのことである。紙幣には、その国の偉人の肖像を用いるのが一般的であろう。しかしベラルーシでは、独自通貨の図柄に偉人が登場したことはこれまで一度もない。九二年に最初にベラルーシ・ルーブルを発行した際には、動物シリーズのお札が出回り、これはこれで楽しかった。その後登場したのが建物のシリーズだったのだが、よほどネタに困ったのか、五〇〇万ルーブル紙幣にはミンスクの「スポーツ宮殿」が採用された。何の変哲もない、貧相な体育館だ。二〇〇〇年にデノミが実施されて以降も、紙幣のデザインは踏襲されている。

一体これはどういうことだろう。ベラルーシには動物や体育館以上に誇れる国民的偉人がいない

表1　ミンスク市民が選ぶベラルーシの偉人

—	(40%)	回答困難
1.	(32%)	スコリナ(1490頃-1551頃; 16世紀の文人，聖書を翻訳出版)
2.	(25%)	マシェロフ(1918-80; 1965-80年に共産党ベラルーシ第一書記)
3.	(13%)	コーラス(1882-1956; 詩人・戯曲家・批評家)
4.	(12%)	クパーラ(1882-1942; 詩人・戯曲家・批評家)
5.	(9%)	ルカシェンコ(1954-; ベラルーシ初代大統領，1994年就任)
6.	(8%)	エフロシニヤ・ポロツカヤ(1101頃-67; 布教・啓蒙活動に活躍)
7.	(5%)	ボグダノヴィチ(1891-1917; 詩人・翻訳家・文学学者)
8.	(4%)	コロトケヴィチ(1930-84; 歴史作家・詩人)
9.	(4%)	ブイコフ(1924-2003; 国民的な作家)
10.	(3%)	カリノフスキー(1838-64; 1月蜂起を主導し処刑される)
11.	(3%)	キセリョフ(1917-83; 1980-83年に共産党ベラルーシ第一書記)
12.	(2%)	ヴィトフト(1350-1430; 1392-1430年にリトアニア大公国大公)
13.	(2%)	シュシケヴィチ(1934-; 1991-94年に最高会議議長)
14.	(2%)	ブドヌイ(1530頃-93; 人文主義者，宗教改革の急進的論客)
15.	(2%)	シャガール(1887-1985; ヴィテプスク出身の世界的画家)

(注)　2000年10月にミンスク市の成人600人を対象に行われたアンケート調査の結果.「全歴史を通じて最も傑出したベラルーシ人を3人挙げよ」という質問に対する回答をまとめたもの．ここでは回答が2%以上だった人物のみ紹介する.

(出所)　ベラパン通信から筆者入手.

ベラルーシ・インフレの金字塔，500万ルーブル札

ということだろうか。そのわりには、ベラルーシの人は「我が国はシャガールやドストエフスキーを生み出しました」などと自慢することもある。それならば、なぜシャガールの一〇〇万ルーブル札とか、ドストエフスキーの五〇〇〇万ルーブル札を出さないのだろう。インフレで巨匠たちの価値が目減りしてはいけないと、遠慮でもしているのか。

表1は、ミンスクの市民にベラルーシの偉人を挙げてもらった結果である。何よりも、四割もの回答者が偉人を一人も挙げることができないという事実が目を引く。また、一七世紀から一九世紀にかけてがほぼ空白期になっており、この時代にはカリノフスキーを例外として、国民に広く認知された偉人がまったく出ていない。もう一つ、外敵と戦った英雄の類がほとんど登場しないのも気になる。中世ヨーロッパ最大の合戦と言われる「グルンヴァルトの戦い」で獅子奮迅の活躍を見せ、ドイツ騎士団を撃破したリトアニア大公国のヴィトフト(ヴィタウタス)大公は、英雄には違いないが、さすがに「ベラルーシ人」と呼ぶのははばかられよう。

総じて、どうやら実際にベラルーシ国民が「偉人」に関して難儀をしていることは間違いなさそうだ。これでは動物や建物を紙幣のデザインにするのもやむをえないかと思ってしまう。はたしてベラルーシには、紙幣のデザインに採用するに足る偉人が本当にいないのだろうか。

シャガールとベラルーシのすれ違い

マルク・シャガールは帝政ロシア末期の一八八七年、ヴィテプスクのユダヤ人街に生まれた。あまり勉強の得意でなかったシャガールはある日、路面電車に乗っていて絵画教室の看板を見かけた。

シャガールの育ったヴィテプスクのポクロフスカヤ通り（右手前の建物が「マルク・シャガールの家博物館」）

湧き上がる興味を抑えられなくなったシャガールは母親に付き添われて、そのドアを叩く。シャガールは一九〇六年、こうして芸術の世界に足を踏み入れた。

よく知られているように、シャガールはヴィテプスクの街をこよなく愛し、それは終生変わらず画家の創作の源となった。華の都パリを「私の第二のヴィテプスク」と呼んだほどである。にもかかわらず、シャガールとベラルーシは、どういうわけかすれ違ってばかりであった。

第一次大戦とロシア革命を、シャガールは帝都ペテルブルグで迎えた。革命政府で働く誘いを断り、故郷に戻ってヴィテプスク県の芸術全権委員となった。シャガールがヴィテプスクに芸術学校を開設する準備に追われていた一九一九年一月一日、白ロシア・ソビエト社会主義共和国の樹立が宣言され、ヴィテプスク県もその版図に含まれていた。ところが、前節で見たように、その直後にヴィテプスクなど三県がロシア共和国に移管されてしまったので、シャガールがベラルーシ共和国に生きたのは一ヵ月足らずだった。開校にこぎ着けた芸術学校では、教官の間で対立が生じ、シャガールは二〇年七月にモスクワに移ってしまう。芸術学校は二三年秋に閉鎖され、この地にシャガール流派の芸術が受け継がれる可能性も絶たれた。二四年にヴィテプスク県は再びベラルーシ共和国に組み込まれるのだが、その時にはもうシャガールはパリに定住していた。

スターリン以降のソ連ではシャガールは当局によって黙殺され、地元ヴィテプスクでも画家と街とのつながりはすっかり忘れ去られていた。シャガール側がヴィテプスクへの作品の寄贈を申し入れた際にも、市の行政府が断った(!)と言われている。シャガールは戦後に一度だけ、一九七三年に、ソ連側の招きに応じてモスクワを訪問したことがある。しかし、この時も故郷のヴィテプスクには立ち寄らなかった。この時の心境を本人は次のように吐露している。

私は生まれ故郷のヴィテプスクを無条件に愛している。それは、単にそこで生まれたからというよりは、何と言ってもそこで生涯にわたる自らの芸術の色彩を獲得したからだ。……私は終生、ヴィテプスクのことを回想するが、長い逡巡のすえ、ヴィテプスクに行くことは断った。……というのも、そこで私は、自分が憶えているのとは別の環境、別の生活を見ることになったはずだから。それは私にとって大きなショックだったろう。それは自分の過去と永遠に決別するのと同じようにつらかったはずだ。([79]4)

シャガールは一九八五年に没した。皮肉にも、画家の没後、九一年のベラルーシ独立と前後して、ようやくヴィテプスクでこの芸術家を顕彰する動きが出始める。九二年には記念碑が完成。九七年には、ポクロフスカヤ通りに残っていたかつてシャガール一家が住んだ煉瓦造りの家で、「マルク・シャガールの家博物館」が開館する。

しかし、長い空白の時代に失われたものはあまりにも大きかった。その第一は、街の景観であろう。ウスペンスキー大聖堂のような街のシンボルが破壊されただけでなく(第2章参照)、シャガールが好んで描いた哀愁と神秘に満ちた路地はすっかり姿を消し、画家ゆかりの建物もほとんどが取り壊されていた。

そして、何とも惜しまれるのは、シャガールの作品がベラルーシにまったく残らなかったことだ(反シャガール政策を指示していたモスクワには残っているのだが)。寄贈を断ったツケは大きかったと言わざるをえない。描かれた景観が失われ、本物の作品もないからか、シャガールを利用したヴィテプスクの街興しはどうしても盛り上がりきらないところがある。もともと、民族的にベラルーシ人でなく、かかわりをもったのがヴィテプスクに限られることから、現代ベラルーシの偉人という類型には収まりにくいのも事実である。

ドストエフスキーとベラルーシの遠いつながり

結論から言ってしまえば、ドストエフスキーとベラルーシの直接の関係はほとんどないというのが真相である。それでも、文豪とベラルーシの遠いつながりを手繰り寄せてみることは、両者についての認識を深める手がかりを与えてくれる。

ベラルーシの地と関係があるのは、ドストエフスキーの父方の祖先。一五〇六年、ピンスクの領主が忠勤に対する褒章としてある人物にドストエヴォ村(現ブレスト州イヴァノヴォ地区に所在)を与えた。この人物は村の名前をとってドストエフスキー姓を名乗り、一族は大いに栄えた。そこから西ウクライナに移った分家が作家ドストエフスキーに至る系譜となるのだが、同家はポーランド支配下で正教を固守したため、一八世紀までにはすっかり落ちぶれていたようである。作家の父ミハイルは一八〇九年、医者になるために西ウクライナからモスクワに移り住んだ。そしてこの地で二一年に、フョードル・ドストエフスキーが誕生したのである。

ドストエヴォ村全景(ベラルーシ語ではアクセントのない「a」が「o」になる点に注意)

作家があまりにも偉大であるため、のちの世では、ドストエフスキーの祖先はベラルーシ人だ、いやウクライナ人だ、果てはポーランド人だと小競り合いが起きることになる。結局のところ、「ルテニア貴族だった」という他はないであろう。いずれにしても、一族の盛衰は西ルーシの歴史と深くかかわっており、それが作家の人格形成に及ぼしたであろう影響には興味をそそられる。

旅を好んだ文豪ながら、ベラルーシの地を訪れたという記録は残っていない。それでも、彼は一族発祥の地のことが気になっていたようで、自分の祖先はリトヴァの地で代々ドストエヴォ村に住んでいたと妻に語って聞かせていたそうだ。家系のことをより詳しく調べようと試みたものの、かなわなかったという。想像するに、作家が父祖の地にこれだけ関心をもったのは、「ドストエヴォ」という自らの姓のもとになった地名ゆえではないだろうか。しかも、「ドストエヴォ」はロシア語／ベラルーシ語で「立派な」「価値ある」を意味する「ドストーイヌイ」から来ており、とても気高い地名である。この点も、間違いなく作家の自意識に影響していたであろう。

しかし、いかんせん遠い祖先がドストエヴォ出身というだけでは、現ベラルーシの国民的偉人にはなりにくい。当国の一般の人たちは、ドストエフスキーが我が国と何か関係があるらしいというくらいの認識しかもっておらず、ドストエヴォ村のこともほとんど知らないようである。

ミツキエヴィチを自国の詩人と言い切れないつらさ

アダム・ミツキェヴィチについては、すでに前節でも触れた。生誕地は、ベラルーシのノヴォグルドク、ないしはザオシエ村（現ブレスト州バラノヴィチ地区）とされる。一八一五年にノヴォグルドクのドミニコ会初等学校を卒業し、ヴィルニュス大学で詩作と民族解放運動に目覚めた。

ミツキェヴィチは「ポーランドの国民的詩人」とされるが、地縁・血縁的にはむしろベラルーシとのつながりが深いことは前節でも述べたとおりである（母親はユダヤ系という説も）。コシチューシコと同じく、前掲の図2（四八頁）の★のところに位置付けられよう。郷里の大衆の言葉、つまりベラルーシ語に精通し、それを純粋にスラヴ的なものとして評価していたと伝えられる（[69]6）。代表作の『パン・タデウシュ』が描いているのも、現在のベラルーシの地、具体的にはノヴォグルドク一帯の自然、情景、風習、文化なのである。

よく考えてみればミツキェヴィチは、存命中にはほとんどポーランド本国に足を踏み入れていない。一八五五年、トルコの地で急死したミツキェヴィチはいったんパリに葬られたが、死後三五年経ってクラクフのヴァヴェル王城に移され、今もそこに眠る。普通に考えれば、ポーランド人として最高の栄誉であろう。しかし、こんなことを言うと怒られそうだが、本人としては馴染みのないクラクフよりも、ノヴォグルドクに葬られた方が本望だったのではないか。

ミツキェヴィチの賛美する「ポーランド」は、現代的な意味でのポーランドとは少々ずれがある。現代のポーランド人はそのことに片目をつむり、ミツキェヴィチを国民的詩人と崇める。一方、現代のリトアニア人は、ミツキェヴィチが「リトヴァ！　我が祖国！」と詠い上げるのを曲解して、それをリトアニア民族の凱歌と信じる。それではベラルーシ人は？　本来ならもっと声を大にして「ベラルーシの生み出した詩人だ」と言ってもよさそうなのに、どうも遠慮がちである。

ミツキェヴィチが洗礼を受けたと言われるノヴォグルドクの「主の顕栄祭聖堂」

メレチョフシチナのコシチューシコの生家跡地

宿命の対決、スヴォーロフVSコシチューシコ

スヴォーロフは帝政ロシアの名将、コシチューシコはポーランドの軍人・革命家であり、両雄は前節でも取り上げた一七九四年のコシチューシコ蜂起で相まみえることになる。二人は、ベラルーシ独自の国民的偉人とは言えないものの、ともにベラルーシの地とは浅からぬ関係がある。そして、ベラルーシ国民がどちらをひいきにするかは、やや大袈裟に言えば、ロシアかポーランドかという文明の選択でもある。結論から言えば、ソ連時代から今日まで、当国ではスヴォーロフが最大限に崇められているのに対し、コシチューシコは冷遇されている。地縁・血縁では明らかに後者の方がベラルーシ人に近いにもかかわらずだ(コシチューシコは現ブレスト州コソヴォ市の近郊にあったメレチョフシチナという集落で、シュラフタの家庭に生まれている)。

ブレスト州のコブリンという街には、ソ連時代につくられた「スヴォーロフ記念コブリン軍事史博物館」があり、もちろん今も健在である。コシチューシコ蜂起平定後、ロシアの女帝エカテリーナII世はスヴォーロフに陸軍元帥の称号を授け、激戦の舞台となったコブリンの地を所領として与えた。博物館は一九四八年に、旧スヴォーロフ邸を利用して開設されたものである。公式パンフレットによると、四四年七月、赤軍とパルチザンがコブリンをドイツ軍から解放したところ、スヴォーロフ邸は骨組みだけを残して無残に焼け落ちており、パルチザンが休みを返上して邸宅を再建したのだという(つくられた美談である疑いが濃い)。博物館だけでなく、ベラルーシには「スヴォーロフ通り」のある市町村、スヴォーロフの名称を冠している農場が無数にあり、防衛大学も「スヴォーロフ記念軍事アカデミー」という名前になっている。

それに対し、「コシチューシコ通り」をもつ市町村は数えるほどしかない。御当地のコソヴォを訪れた際に、不意にコシチューシコ通りを見付けた時には、さすがに感慨深いものがあった。最新の情報によると、コシチューシコの生家を復元して博物館を開設すべく、メレチョフシチナで発掘作業が開始されたという。はたして博物館が無事完成し、二人の英雄のバランスが多少なりとも是正されるのか、今後の成り行きを見守りたいと思う。

日本にゆかりのあるベラルーシ偉人

幕末の日本に、帝政ロシアの初代領事として赴任したヨシフ・ゴシケーヴィチという人物がいる。ロシアで最初の日本専門家の一人だ。このゴシケーヴィチが実はベラルーシ人だったのである。ゴシケーヴィチは一八一四年に、ミンスク県の正教司祭の家庭に生まれた(ユニエイトとする資料もあり)。詳しい生誕地は明らかになっていない。スルツクの神学校を卒業し、三五年にペテルブルグの神学大学に入学、ロシア正教伝道団に加わり中国に滞在した。帰国後ロシア外務省に入省、中国語の知識を買われて来日し、通訳として対日交渉に活躍した。日本人の密航者を伴って帰国し、その協力を得て五七年に最初の本格的な和露辞典『和魯通言比考』を刊行。領事として函館に駐在したのは五八〜六五年のことであった。

ゴシケーヴィチは中国時代に布教だけでなく博物学的な研究にも没頭し、米の栽培、養蚕といった農業技術に関する一連の論文も書いている。本人は、「(こうした作物が)私の故郷、ベラルーシでも根付いてほしいものです。私の同郷人たちは貧困に苦しんでいます」と述べていたそうである([46]7)。もう少し時代がずれていたら、その博識と語学力をベラルーシ民族のために捧げていた可能性もあったかもしれないと思いたくなるようなセリフである。

ゴシケーヴィチは函館からペテルブルグに帰朝すると間もなく官職を辞し、ベラルーシ北部のマリという村(現グロドノ州オストロヴェッ地区)で東洋学の研究を続けた。死後に出版されることになる『日本語の諸起源』は、この地で著された。七五年に息を引き取ったゴシケーヴィチは、オストロヴェッツの墓地に埋葬されたと記されている。ただし、墓の正確な場所は現在分からなくなってしまっているという。

ソ連時代のベラルーシ共和国の百科事典には、ゴシケーヴィチの名前すら出ていなかった。ベラルーシの視点からこの人物をとらえ直す試みは、始まったばかりである。特に、ベラルーシと日本とをとりもつ貴重な絆となってくれることを願いたいものだ。現代ベラルーシを代表する知識人の一人であるマルジス博士が奇遇にもオストロヴェッツ地区出身であり、ゴシケーヴィチの足跡をたどる研究にも取り組んでおられることは心強い。

知名度のわりに偉人扱いされないグロムイコ

グロムイコといえば、妥協なき交渉態度で「ミスター・ニェット」と呼ばれたソ連外交の顔である(「ニェット」は「ノー」の意味)。一九五七年から実に二八年間にわたって外相を務めた。実は、この大立者がゴメリ州出身で、二五歳くらいまでをベラルーシの地で過ごしているのである。しかし、ベラルーシ国民が彼を自分たちの偉人だと見なすことは、ほとんどない。国際的な知名度の高さを考えると、不思議な気もする。

グロムイコが生まれたのは、現在のゴメリ州ヴェトカ地区、その名もスタールイエ・グロムイキという村である。学生時代はミンスクで過ごしている。しかし、本人は「ロシア人」を自称していたようだ。ベラルーシが独立国となった今日の時点から考えると、この地に代々住んでいた農民家庭の出身者がベラルーシ人でなくロシア人を名乗ることには、違和感を感じないでもない。前出のマルジス氏などは、「グロムイコは自分がベラルーシ人であることを隠していたのです」と、残念そうに述べていた。

しかし、おそらくは本人の意識自体が完全にロシア人だったのではないか。回想録を読んでも、故郷の村への愛着は綴られているものの、「ベラルーシ」という枠組みはまったく眼中にない。むしろ、「一九二四年までゴメリ市と同区域全体はロシア共和国の一部だった」と殊更に記しており([50]14)、自分の故郷がベラルーシ共和国に移管されてしまったことが面白くないような書き振りである(ゴメリ州がロシア共和国領だったのは正しくは一九二六年までである)。

実際のところ、ゴメリのような境界域の土地でロシア人とベラルーシ人を客観的に区別することは不可能であり、本人の主観の問題ということになるのだろう。グロムイコのような立場の人間が自分はロシア人だと言い張るのも、不思議ではないのかもしれない。全ソ連規模で活躍したベラルーシ出身者の一典型と言えようか。ベラルーシ国民にとってグロムイコはあくまでも地元出身の著名人であり、「国民的偉人」ではないのである。

蛇足ながら、一九八六年にチェルノブイリ原発事故が起き、ゴメリ州が集中的な被害を受けた時のソ連の国家元首は、多分に名誉職とはいえ、他ならぬグロムイコであった。故郷の大地が汚染されるのを、どのような心境で見ていたのだろうか。

紛れもないベラルーシの偉人

以上で見てきた人物は、知名度は高いものの、「ベラルーシの偉人」と呼ぶには若干無理があるというパターンであった。ならばこの国には独自の偉人がいないかといえば、決してそんなことはない。どこに出しても恥ずかしくない、紛れもないベラルーシの偉人として、エフロシニヤとスコリナを紹介しておこう。

ベラルーシ国家の源流とされるポロツク公国は、フセスラヴ公が君臨した一一世紀後半に最盛期を迎える。その孫に当たる公女がエフロシニヤ・ポロツカヤであった。当時の女性としては例外的に本格的な教育を受けた彼女は、我が身を神に捧げるべく、一二歳の時に修道院に入る。エフロシニヤはポロツクの地に今も残る救世主エフロシニヤ修道院を創設し、付属の学校、図書館、写本室、宝飾工房を設けた。ここでは庶民が学び、女性も読み書きを習った。

エフロシニヤは一一六七年にエルサレムでの聖地巡礼中に亡くなり、その聖骸はキエフのペチェルスカヤ修道院に運ばれた。一五四七年、布教への貢献が認められ、ルーシの女性として初めて、正教会により聖列に加えられた。客死から七世紀半を経た一九一〇年、エフロシニヤの聖骸はようやく故郷のポロツクに帰り、自らが創始した修道院の教会堂に納められた。

エフロシニヤは宗教家であったがゆえに、ソ連時代には偉人として扱われていなかった。庶民はつい最近まで、この偉大な啓蒙家にして先駆的なフェミニストの存在をほとんど知らなかったのである。八〇年代にようやく機運が高まり、八四年にベラルーシの正教会はエフロシニヤを同国の聖人に列し、長らく空き家状態だったポロツクの修道院も九〇年に活動を再開した。

救世主エフロシニヤ修道院の教会堂　エフロシニヤの聖骸もここに眠る

一方、フランツィスク・スコリナはベラルーシの、さらには東スラヴの印刷術の創始者。ルネサンス期の偉大な学者・啓蒙家でもある。ポロツクに生まれ、クラクフ大学で哲学の学位を取得し、その後ヨーロッパ各地で活躍した。パトロンの支援を取り付け、一五一七～一九年にプラハにおいて東スラヴ世界で初めてキリル文字を使って聖書二三巻を出版する。これはドイツの宗教改革者ルターによる聖書の翻訳出版よりも早かった。その後スコリナはヴィルニュスで出版活動を続けた。

スコリナは庶民にも理解できる聖書をつくろうとしたため、自分の故郷の民衆の言葉を文体に大胆に取り入れた。それゆえのちにベラルーシ国民は、東スラヴ世界で最初の聖書が古ベラルーシ語で書かれたとして、これを誇りとするようになるのである。その業績は疑う余地のないものであり、表1に見るように、国民から最も高い支持を受けているのもうなずける。

『ナーシャ・ニヴァ』に集結した古典作家たち

他の中欧・東欧諸国と同じように、ベラルーシでも近現代の民族主義運動において文学者たちが果たした役割は大きかった。一九世紀末から二〇世紀前半に活躍したクパーラ、コーラス、ボグダノヴィチらがその代表格である。彼らは決してその名が世界に轟くような文豪ではないかもしれないが、農民の素朴な言葉だったベラルーシ語を芸術に昇華させ、標準ベラルーシ語の確立に寄与し、民族意識の覚醒に尽くした。

ヤンカ・クパーラは、ミンスクに程近い村の貧しい家庭に生まれた。一九一四〜一五年に伝説の『ナーシャ・ニヴァ』紙の編集に参加。ナショナリズムを信奉しながら、ソビエト政権と協調する道を選び、二五年にベラルーシの国民詩人との称号を与えられた。三〇年に自殺を試みて未遂に終わり、その後は体制を賛美するような作風に変わっていく。

ヤクブ・コーラスもミンスク近郊の農村出身。同じく『ナーシャ・ニヴァ』にかかわり、投獄された経験もある。代表作『新たな土地』はベラルーシの生活を活写した百科事典と称えられた。ソ連体制下で、一九二六年に国民詩人の称号を得たものの、晩年にはやはり圧政下で輝きを失った。

マクシム・ボグダノヴィチはミンスク市生まれ。幼い頃に故郷を離れてロシアに移るも、一六歳の時から『ナーシャ・ニヴァ』に作品を投稿し、一九一三年の詩集『花冠』で名声を不動のものとした。一七年に二六歳の若さで夭逝する。

危ない偉人たち

二〇〇〇年四月、私はミンスクの公園で民族派の人々による詩の朗読会の様子を眺めていた。どんなきっかけだったか、この時年配の男女のグループと知り合い、「これから赤の教会に一緒に行きましょう」と誘われた。「赤の教会」というのは独立広場にあるカトリックの聖シモン・ヘレナ聖堂のことであり、ソ連時代には映画館に転用されていたものの、八〇年代になると反体制運動の拠点にもなったというところである。

当国の国情からして、大使館員がこういう人たちと白昼堂々街を練り歩くのはあまりよろしくない。聞けばグループの一人は、前年のデモで投獄された農民党のルギン党首だという。しかし、ちょうどこの時私はベラルーシについての本を書く決意を固めたところだったので、好奇心が勝って一緒に行くことにしたのである。

案内された教会の地下は、民族派の人たちが敬愛する偉人のギャラリーになっていた。ヴィトフトやカリノフスキーのような一般的な人物だけではない。前節で紹介した歴史家のエルモロヴィチの肖像も掲げられていた（ちょうど前の月に亡くなったところだった）。野牛を詠った詩を平和の祈りを込めてローマ法王に贈ったグソフスキー（野牛は故郷の豊かな自然を象徴）、ベラルーシ文学の先駆者ドゥニン-マルツィンケヴィチ、農民詩人バグルイムといった渋いところもある。

ラリーサ・ゲニユシの肖像

特に印象的だったのが、反骨の女流詩人ゲニユシの肖像である。プラハにおいて、ベラルーシ人民共和国亡命政権のザハルコ大統領の秘書を務め、その後もその文書の保管・整理に尽くした。しかし、チェコスロヴァキアの社会主義化を受け一九四八年に逮捕され、ソ連に送還されて収容所を転々とする。五六年に釈放され、グロドノ州の村に暮らしたが、終生ベラルーシ人民共和国市民を名乗り、ソ連国籍を受け入れなかった。多くの文化人の請願にもかかわらず、ゲニユシはいまだに名誉回復されていないので、百科事典や教科書にも掲載できないままとなっている。

こうした「危ない偉人」が紙幣のデザインになるようなことはよもやあるまいが、ベラルーシにもれっきとした民族の殉教者がいたことを知り、認識を新たにさせられた。普通の国ならば国立博物館で行われるであろうこうした展示を、当国では野党の人たちが迫害を受けながら教会の地下でやっているわけだ。普段何気なく歩いている街に、こんな場所があろうとは。皆さんに別れを告げ、外に出ると、そこはいつもと変わらないミンスクの雑踏だった。まるで自分が神隠しにあったような気分である。あれは臨時展示だったのだろうか。今となってはそれも分からない。

なぜマシェロフは人気があるのか

表1の偉人ランキングをご覧いただくと、共産党ベラルーシ第一書記だったマシェロフが二位に付けている。九六年の世論調査で、国民に理想の政治家を尋ねた時には(複数回答可)、実に四五パーセントの回答者がマシェロフの名を挙げ、堂々一位に輝いていた([76]1996, No. 1)。中央アジア諸国で共産党トップがそのまま大統領の座に居座っている例はあるにせよ、マシェロフのように二〇年以上も前に物故した党指導者が現在もこれだけ慕われているというのは希有なことだろう。

マシェロフは一九六五年から八〇年にかけてベラルーシ第一書記を務めた。中央におけるブレジネフ書記長の在任期間(一九六四〜八二)と、ほぼ重なる。今もベラルーシ国民の多くが郷愁を寄せるソ連の黄金時代とは、ブレジネフ＝マシェロフ時代のことに他ならない。現ベラルーシ国家の原形はマシェロフの指導下で形作られたのであり、彼こそ実質的に初代大統領だったとする意見もある。この国の成り立ち、国民の意識を知るうえで、避けて通れない人物だ。

マシェロフは一九一八年、ヴィテプスク州の農村に生まれた。教育大学を出て平凡な教師として働いていた彼の人生を変えたのは、四一年に勃発した大祖国戦争である。この戦争でパルチザン部隊のリーダーとして活躍したことがきっかけとなり、戦後に共産党の階段を上り詰め、六五年にはついに共和国のトップに立った。ブレジネフのように虚栄心で勲章をぶら下げていたのではなく、

共産党大会におけるマシェロフの姿(中央)
© Yuriy IVANOV

「パルチザン共和国」が生み出した本物の英雄だったのである。

人々がマシェロフ時代を懐かしむ第一の理由は、やはり当時の経済的発展であろう。彼は化学工場や軍需工場を積極的に誘致し、ベラルーシはソ連のなかの先進工業地域となった。給料も良く、モノも豊富にあった。当地に来ると誰もがベラルーシを賞賛したという。

マシェロフはその地位におごることなく、質素な生活を心がけた。護衛は最小限に抑えて、大衆のなかに積極的に入り、フットワーク軽く共和国内の視察に飛び回った。しかし、最後はそれがあだになり、地方視察に向かう道中で起きた交通事故で、突然世を去ることになる(享年六二歳)。彼は長年にわたりブレジネフらと折り合いが悪く、政治局員にもなれなかった。そのためベラルーシの庶民は、我々の第一書記はブレジネフの工作により消されたのだという疑いを抱くようになる。理不尽な死に方をしたことで、かえって伝説として生き続けることになったのである。

さすがに昨今では、知識人は概してマシェロフを良く言わない。しかし、この人物がベラルーシ国家の原形をつくったことは間違いないため、全否定できないようなところがある。実際、彼ほどの人気と手腕を兼ね備えた指導者がペレストロイカと独立の時代にいてくれたら、この国の歩みは少し違っていたのではないかと思いたくもなる。

偉人がいないのではない

このように、ベラルーシの紙幣に登場するのが動物やみすぼらしい建物ばかりだからといって、この地が優れた人物と無縁だということでは決してない。それどころか、シャガール、ミツキェヴィチといった偉人たちの人生は、この土地と分かちがたく結び付いている(さすがにドストエフスキーをベラルーシの作家と呼ぶのは苦しいが)。ただ、こうした人々が活躍したのは故郷を飛び立ったあとであり、民族的にベラルーシ人でない場合もある。時代がずれていたりして、ベラルーシという民族・国家づくりとは無関係であった。

考えてみれば、在校生が一月蜂起に参加したかどで、一八六四年にゴルキ農業大学(現ベラルーシ農業アカデミー)が閉鎖されてから約半世紀、現ベラルーシ領には高等教育機関が一つも存在しなかった。これでは優秀な人間が地元で活躍できないのも当然である。

他方、社会主義政権下のイデオロギー的な締め付けや、ベラルーシ人特有の自己主張の弱さゆえに、著名人と自分たちのつながりが忘れられたり、あるいはタブー視されてきたという側面もある。ベラルーシ人民共和国の活動家に至っては、完全に黙殺されていた。それが尾を引き、独立後の今も、国民的偉人についての合意をなかなか形成できない。ゲニユシなどは一見、悲劇のヒロインとしていかにも民族の琴線に触れそうな存在である。しかし、普通の国民は彼女を知らないか、知っていても訳の分からないカルト的な人物ととらえているだろう。予見しうる将来に、こうした典型的な民族主義者が紙幣のデザインに取り入れられることは、まずありそうもない。

だが、そんなベラルーシでも、大方の賛同を得られそうな国民的偉人は確かに存在している。政権がその気にさえなれば、紙幣にする人物の選定は至って簡単である。ずばり、スコリナ、エフロシニヤ、クパーラ、コーラスで決まりであろう。ボグダノヴィチ、カリノフスキー、レフ・サペガは当落線上くらいか。また、共産主義と決別したはずの国としては異例のこととはいえ、将来的にマシェロフが紙幣になる可能性も排除しえない。

それではなぜベラルーシは現在に至るまで肖像入り紙幣を導入していないのか。それは結局のところ、この国の人たちが独自の国民、国家として処していく気構えが充分にできていないからではないかというのが、私の結論である。いつかまたロシア人が来て自分たちをカタにはめてくれるだろう。ベラルーシ・ルーブルを焼却処分にし、再び本物のルーブルを導入してくれるのではないか。そんな意識が抜けきらないのだと思う。

実際、ロシアのプーチン大統領は、ベラルーシが通貨主権を放棄し、ロシア・ルーブルをベラルーシに導入するという形での両国の通貨統合を主張している。ベラルーシの国民意識が成熟し、偉人を紙幣に登場させる決心がつく頃には、すでにベラルーシ・ルーブル自体がなくなっているかもしれない。

第２章

◆

廃墟への旅

荒廃するに任せられたブレスト州コソヴォ市のコソヴォ宮殿

グロドノ州スロニム市のシナゴーグの廃墟

見向きされないベラルーシ観光

表1は、ベラルーシと近隣諸国が外国から旅行者(目的は問わない)をどれだけ受け入れ、どれだけの収入を得ているかを比較したものである。ベラルーシの旅行者受入が、この地域では例外的に少ないということがお分かりいただけるだろう。そのなかでも、いわゆる観光客となるとさらに少なく、公式統計によれば、年間六万人前後とされている。

ベラルーシを観光しないのは外国人だけではなく、当のベラルーシ国民も同じである。この国の多少経済力のある人がどこかにレジャーに行こうと思えば、地理的に近く手頃な中東欧諸国に行くだろう。少し奮発して西欧や地中海沿岸に足を伸ばすこともあるかもしれない。いきおい、ベラルーシの旅行収支は恒常的に大幅な赤字であり、毎年貴重な外貨を吐き出している。

国内旅行への無関心は旧ソ連共通の傾向とはいえ、ベラルーシの場合はそれが極端だ。この国の普通の人が「そうだ、京都行こう」とばかりに国内旅行に出かけ、たとえばグロドノでカトリック寺院巡りをするといったことは、まずありえない。国内でどこかに行くとしたら保養地くらいであり、あとは親元に帰省したり、ダーチャ(菜園付きの小別荘)に行ったりする程度だろう。実際、ミンスクの人たちにしても、国内の他の街に行ったことがないという人がかなり多い印象を受ける。

ベラルーシ国民の場合、外国旅行でも即物的な態度が目立つ。ポーランド人がフランスに行けば、

表1　ベラルーシと周辺諸国の外国人旅行者受入状況(1998年)

	ベラルーシ	ロシア	ウクライナ	ポーランド	エストニア	ラトヴィア	リトアニア
旅行者受入数(1,000人)	355	15,805	6,208	18,780	825	567	1,416
旅行収入(100万ドル)	22	6,508	5,407	7,946	534	182	460

(出所)　[100] 769-771.

お決まりの観光コースに飽き足らず、ポーランド人亡命者の足跡をたどったりすることもあるのではないかと思う。それに対し、ベラルーシの人々がリトアニアやポーランドなどに行っても、買い物や娯楽に没頭して、ベラルーシ民族ゆかりの地などにはまったく興味を示さない。これでは、愛国心の欠如を疑われても仕方あるまい。

ソビエト・テーマパーク?

確かに、私自身の感覚からしても、外国人がベラルーシをわざわざ観光しに訪れるというのは、あまり一般的なことではない。外国の人が実際にミンスクに来てみると、きれいな街だと好感を抱くことも多いようである。しかしそれは、こざっぱりとしていて緑が多く落ち着いた街並みに好印象を抱いているのであって、外国人がカネを払って見物しに来るような「美」とは違う。ミンスクは基本的に味気のない団地の街であり、観光の見所は乏しい。

ところが、かつてこのミンスクは観光のメッカだったらしい。独ソ戦の激戦地だっただけに、その関連スポットが多い。ミンスク中心部に鎮座する大祖国戦争史博物館しかり、郊外の記念公園「ハティニ」しかりである。さらに、ミンスクは一八九八年にロシア社会民主労働党(のち

ジェルジンスキー博物館の展示　さすがに革命後の活動に関する展示は撤去された由

のソ連共産党）の創立大会が開かれた場所でもあり、大会が開かれた建物は保存され記念館になっていた。これらの戦争、革命の聖地を目当てに、ベラルーシ共和国内はもとより、ソ連の他の共和国や東欧諸国からもひっきりなしに見学者が訪れ、街が観光バスであふれていたというのだ。

ちなみに、これらのソ連時代の観光スポットは、若干さびれたとはいえ、今なお稼動している。ミンスクから西に少し車を走らせてミンスク州イヴェネツ町に行けば、ジェルジンスキー博物館も健在だ。ジェルジンスキーといえば、一八七七年に当地に生まれ、ロシア革命後にＫＧＢ（国家保安委員会）の創始者となった人物に他ならない。ミンスク中心部の「レーニン広場」は、名称こそ「独立広場」に変ったものの、いまだにレーニン像がにらみを利かす。

いっそのこと、ソビエト・テーマパークをつくって外国人観光客を誘致したらどうか。ベラルーシにかかわった人間であれば、誰もがそう考える。ところが、二〇〇一年にリトアニアで、レーニンやスターリンといった英雄たちの銅像を集めた風刺的なテーマパークが本当にできてしまい、盛況と伝えられる。こんなことでまでリトアニアに先を越されるとは、情けない。

事情をよく知らない外国人がミンスクに短期滞在しても、「何だかつまらない街だなぁ」で終わってしまうだろう。ベラルーシ国立歴史・文化博物館だけを見て、この国にはそもそも歴史も文化もなかったのかと早合点してしまうかもしれない。だが、ベラルーシは本当に歴史なき、文化なき国なのだろうか。外国人が、そして自国民が観光するには値しないのか。本章では、この問題を考えてみることにしよう。

第一節　我が心の廃墟

ミール城の世界遺産入りは妥当か？

二〇世紀もおしつまった二〇〇〇年暮れ、ベラルーシの代表的な史跡であるミール城塞（グロドノ州ミール町）がユネスコの世界遺産に登録されることが決まった。もともとは、一六世紀初頭にイリイニチ家が築城したものだ。一五六八年に名門ラジヴィル家がこれを引き継ぐと、宴席・遊興が盛んに催され、これに伴い宮殿部分が建増しされた。今回世界遺産に登録された理由は、異教・正教・カトリックの要素を兼ね備え、ベラルーシ・ゴシックと西欧ルネサンスの様式が結合したユニークな建築であり、また要塞建築史における転換点を記したものであるからだと伝えられる。

実はそれまでベラルーシは、自国の文化財がユネスコの世界遺産に一つも登録されていないという、ヨーロッパでは非常に稀な国であった。ベロヴェージ原生林（ポーランドと共有）こそ世界遺産

ベラルーシ初の世界文化遺産となったミール城

入りしていたものの、これは文化遺産ではなく自然遺産である。ミール城の世界遺産認定は、世界に誇れる文化財がベラルーシにも確かにあることが国際的に公認されたことを意味し、朗報であったことは間違いない。

しかし、私はこのニュースを聞いた時、複雑な心境だった。喜ばしいと思う反面、「あのミール城が？　世界遺産というのはそんなに簡単なのか」という白けた気持ちを拭えなかった。ゼロというのも気の毒だから、一国につき一件は入れてあげようというユネスコの温情なのか。そんな疑念すら抱いたものである。

この城の価値を否定しようというのではない。問題は保存状態の悪さと、現政権によるぞんざいな取り扱いである。ベラルーシの他の歴史的建造物同様、ミール城塞も度重なる戦乱によって破壊をこうむってきた。ミール城の場合は一九世紀初めのナポレオン戦争により大打撃を受け、宮殿部分はこの時焼失している。しかもラジヴィル家がフランスと連携しようとしたため、城塞は帝政ロシア政府に没収され、荒れ果てたまま長年放置された。

ソ連時代になって、文化財として保存はされていたものの、本格的な修築はなされた形跡がない。

一九九九年に私が見に行った時も、依然相当に荒廃しており、しかもルカシェンコ大統領が修復費用を出すのと引き換えに自分の別荘にすることを企んでいるという悪い噂がささやかれていた。

何百の破壊された教会の国

それでも、ミール城塞は何とか原形をとどめ、世界遺産にまで指定されたのだから、例外的に恵まれたケースである。この国では、古い建築物が無傷で残っていることは、皆無に近い。ベラルーシ語ロックのある歌の一節にも、「俺はここで生まれた。何百の破壊された教会の国に」という文句が出てくる(越野剛氏のご教示による)。

その最大の原因が、近代以降、この地が何度となく大規模な戦乱の舞台となってきたことにあるのは、言うまでもない。一七世紀半ばの〈共和国〉とロシアの戦争、一八世紀初頭の北方戦争、一八一二年のナポレオン戦争、二〇世紀の第一次大戦と続き、第二次大戦ではベラルーシ全土がほぼ灰燼に帰した。

また、正教のロシアとカトリックのポーランドが覇を競い合ってきた当地ゆえの特殊事情もある。実際、ベラルーシがこうむってきた破壊のエネルギーに思いを致すと、「文明の活断層がこの地を貫いているのだろうか?」とすら考えたくなる。とりわけ、帝政ロシア時代には、反ロシア蜂起が起きたあとには必ず、カトリック施設や貴族の館などが犠牲となった。

由緒のある教会などが運良く二〇世紀まで生き延びても、社会主義政権の宗教弾圧や都市再開発により、無残にも破壊された。宗教施設の破壊はソ連共通だったとはいえ、ベラルーシでは無神論政策がとりわけ忠実に実施された印象がある。その第一波はスターリン時代の三〇年代半ばであった。ミンスクでは三六年に、ペトロ・パウロ主教座大聖堂(正教)などが爆破された。モギリョフでは、ミンスクからこの地への遷都計画が持ち上がり、政府庁舎が建設された際に、新庁舎一帯の「美観を損なう」として、九軒もの宗教関連施設が取り壊された。

戦後にも受難は続く。「ヴェルフニー・ゴーラド」と呼ばれるミンスクの歴史的中心地、現在の「自由広場」一帯がその犠牲となり、一連の教会・修道院が破壊された。「雪どけ」という言葉に象徴されるように、フルシチョフ第一書記の時代はリベラルなイメージがあるが、実はこの人物は宗教には人一倍厳しく、特に六一年は教会破壊の「当たり年」だった。今後二〇年間で共産主義社会の建設が完了すると宣言されたのは、同年のことである。

失われた景観

個々の建築物という「点」もさることながら、街並みという「面」となるとさらに状況が厳しい。たとえば、今日のミンスクの街並みがどのように形作られたかを物語る、こんなエピソードがある。一九四五年七月、ポツダム会談に向かう途中、スターリンがミンスクに立ち寄った。彼は側近とともに列車を降り、出迎えた地元幹部らと、ナチスに対する勝利を祝い合った。しかし、駅前に出て一面の焼け野原を目の当たりにすると、さすがのスターリンも一瞬言葉を失ったという。「駅の前に二つの大きな建物を建てるのがよかろう。廃墟を隠してミンスクを飾る『門』のようなものだ」。スターリンはこう言い残すと、厳重に警護された特別列車に再び乗り込んだ。その指示は迅速かつ忠実に実行に移されることになる（[40]60）。

ベラルーシの近隣諸国を見ると、バルト三国の首都の旧市街はすべて世界遺産になっているし、ウクライナにはリヴィウがある。これに対し、ベラルーシの主要都市でかろうじて旧市街らしきものが残っているのは、幸運にも戦災を免れたグロドノだけだ。あとは、ヴィテプスクにおいてその面影を見ることができる程度か。ポロツクは確かに貴重な歴史遺産を抱えているが、戦後に大聖堂が取り壊されて目抜き通りの再開発が行われ、街自体は大分殺風景になってしまった。

スターリンの命令により建てられたとされるミンスク駅前の「門」

悔やまれてならないのがピンスクである。独自の川の文化を育んできた西ポレシエ地方の中心都市らしく、第二次大戦の際にはドニエプル川を遡ってきたソ連海軍によって解放された。本格的な地上戦がなかったので、戦災も軽微だったのだ。ところが、せっかく保たれたピンスクの景観が、戦後になってから損なわれることになる。なかでも最大の打撃は、中心部の広場で威容を誇っていたイエズス会のスタニスラフ聖堂・修道院が、五六年に解体されてしまったことだろう。

戦前のピンスクの写真を見ると、聖堂の前で盛大な市が立ち、広場にはおびただしい数の荷馬車が、傍らのピナ川には無数の特徴的な小船が泊まっている。威風堂々たるイエズス会聖堂と、周辺の村々から船を漕いで産物を持ち寄る人々の活気が、何とも言えない異国情緒を醸している。この情景がそのまま維持されていたなら、文句なしに世界遺産だったろう。ピンスクは今でも充分に興味深い街だが、スタニスラフ大聖堂を失い市も立たなくなった現レーニン広場からは、すっかり往時の生気が失せてしまった。

ちなみに、ミンスクでは市中心部の「トロイツコエ・プレドメスチエ」という一画で、旧市街が復元されている(一九八七年にひとまず完成)。しかし、時代考証が甘く、どちらかというと新規の市街地開発という趣きだ。ポーランドのワルシャワ歴史地区の再建などとは、かなり性格を異にする。しばしばポーランド人の愛国心の証しとして語られるように、彼らは第二次大戦で八五パーセントも破壊されたワルシャワの街を、建物のひびに至るまで忠実に復元したのである。

廃墟こそベラルーシ

それでは、ベラルーシで歴史的建造物がきれいさっぱりなくなってしまったかというと、実はそうでもない。戦乱やボリシェヴィキの政策により破壊された建造物が、完全に取り壊されて更地になるのではなく、かといって再建もされず、何とも中途半端な状態のまま残っているケースが、案外多いのだ。日本では、①木造建築が主流なこと、②土地が希少なこと、③国民が几帳面であることなどから、ベラルーシのようなことはありえないだろう。

そんな廃墟たちは、矛盾に満ちたベラルーシの民族形成を物理的に表現しているとも言える。かつてあるジャーナリストは「廃墟もまたベラルーシ」と語っていたが、私はむしろ「廃墟こそベラルーシ」なのだと思う。

私の愛読紙である『ベラルーシ実業新聞』は、崩壊・消滅の危機に瀕する歴史的建造物に関するルポルタージュを継続的に掲載しており、それがきっかけで私はこのテーマに強い関心を抱くようになった。代表的な廃墟は、あらかたこの目で見てきた。以下、私が特に興味をもった廃墟のいくつかを紹介してみたい。基本的に、歴史の古い順に見ていくことにしよう。

◆ノヴォグルドク城塞（グロドノ州ノヴォグルドク市）　古都ノヴォグルドクの丘の上に、かつての城塞の二つの櫓《やぐら》だけが残骸として残っている。変わり果てた姿ではあるが、ベラルーシにしては珍しい起伏に富んだ周囲の地形とも不思議に調和して、逆に中世の栄華を偲ばせるところがある。当国を紹介する本の表紙などにもよくその写真が使われる。国を代表する風景が廃墟というのも、象徴的だ。

ノヴォグルドク城塞　最も高い櫓は25メートルもあった

この地に石造の城塞が築かれたのは、まさにミンドヴグ公がここを拠点としていたリトアニア大公国を築き上げようとしていた一三世紀半ばのことであった。現存する櫓の一つはその当時のものだ。一六世紀までには、七つもの櫓をもつこの地域でも最強の

クレヴォ城塞　いにしえの砦で馬が草を食む

砦となっていた。

しかし、城塞は一七世紀の〈共和国〉・ロシア戦争で大きな被害を受け、一八世紀初頭の北方戦争時にスウェーデン軍によって完全に壊滅させられる。〈大公国〉の都がヴィルニュスに移って久しく、軍事的意義の低下したノヴォグルドク城塞が再建されることはついぞなかった。今日に至るまでの三〇〇年間、ひときわ頑丈であった櫓だけが、風雪に耐えてきたのである。

◆クレヴォ城塞（グロドノ州クレヴォ村）　ミンスクとヴィルニュスのほぼ中間に、クレヴォという村がある。今でこそ寒村にすぎないが、この地に築かれた堅牢なクレヴォ城塞は、中世ヨーロッパ史の重要な舞台だった。その名を長くとどめることになったのが、一三八五年の「クレヴォ合同」である。この城塞で採択された文書にもとづき、リトアニア大公とポーランド女王が婚姻関係を結び、これにより両国は同君連合を形成したのだった。さらに一六世紀には、ロシアのイヴァン雷帝の側近でありながら帝と袂を分かち、〈大公国〉に亡命した軍人のクルプスキーが、この城塞に居を構えた。イヴァン雷帝宛ての有名な批判書は、まさにここで書き綴られた。

さて、このようにベラルーシおよび周辺諸国にとって第一級の史跡であるはずのクレヴォ城塞が現在どうなっているかといえば、お察しのとおり廃墟である。二〇世紀に入るまでは原形をとどめていたらしく、第一次大戦でドイツ軍が基地として使用したと伝えられている。しかし、その時の戦闘により激しく損壊し、城壁の断片だけを残す無残な姿となった。ポーランド領だった両大戦間期に保存作業が行われたものの、ソ連領となった戦後は実質的に放置された。残された城壁の崩落は現在も進んでおり、瓦礫の山に限りなく近付きつつある。歴史的な価値と保存状態との落差において、おそらくクレヴォ城塞の右に出るものはあるまい。

◆ウスペンスキー修道院（モギリョフ州ムスチスラヴリ市郊外）　ムスチスラヴリの郊外に、かつてプスティンキという村があった。車で数分東に行けばもう対ロシア国境という場所である。ここに、五〇〇年以上の歴史を誇った正教修道院の廃墟がある。

一三八〇年頃にウスペンスキー修道院を築いたのは、有力者として知られたムスチスラヴリのルグヴェン公。ロシアと向かい合うこの修道院が歴史の荒波に翻弄されてきたであろうことは、想像に難くない。一六世紀にイヴァン雷帝の軍隊に徹底的に破壊されたのをはじめ、何度となく破壊と再建を繰り返した。それでも、修道院は信仰と文化の拠点であり続け、「奇跡のイコン」を拝みに正教徒以外の信者までが訪れたという。

しかし、ロシア革命が起こると、修道院は閉鎖、聖堂は破壊され、残った建物は学校や孤児院として使われた。混乱のなか、イコンをはじめとする聖物も散逸した。戦後はプスティンキ村自体が廃村になり、遺跡も人知れず朽ちていったのである。

火災に会う前のネスヴィジ宮殿の姿

◆ネスヴィジ宮殿（ミンスク州ネスヴィジ市）　まさか、私がこの本を執筆している最中に、ベラルーシ廃墟列伝に新たな伝説が加わろうとは。しかも、よりにもよって、この国の最も重要な遺産であるネスヴィジ宮殿が。

ネスヴィジはベラルーシ地域を代表する大貴族であるラジヴィル家が本拠としてきたところ。現代に残る宮殿は、一五八三年にラジヴィル・シロトカが築いたものが始まりである。数世紀にわたり、絢爛たる文化の中心となった。宮殿の周囲には五つの庭園が配され、その一つは何と「日本庭園」であった。

ネスヴィジ宮殿はその麗姿をとどめたまま二〇世紀を迎えたのだが、戦後のソ連体制下でやはり雲行きが怪しくなる。美観を損なう改装を施され、エリート幹部用のサナトリウムにされてしまったのである。二〇〇一年に私が訪問した時も、会員制サナトリウムとしての使用は続けられており、部外者は建物のなかに入れなかった。宮殿の痛みが大分ひどくなってきていることと、賢明でない利用は、無関係とは思えなかった。

そして、何と二〇〇二年のクリスマスイブにネスヴィジ宮殿で火災が発生し、何とか半焼にとどまったものの、屋根はほぼ完全に焼け落ちてしまったのである。国を代表する建築遺産で火事を起こすこと自体、信じがたい手抜かりである。それのみならず、宮殿を管理する支配人の弁も、耳を疑いたくなるようなものだった。焼けた部分はもともと老朽化しており、薪にしか使えないような代物だったので、焼けたおかげで撤去する手間が省けたと発言したのである（[41]2003.1.17）。

修築が懸案となっていたことは事実で、今回の火災により結果的にそれが促されることもあるかもしれない。しかし、宮殿を心から大切に思っているのなら、このような非常識な発言はしないはずだ。

ゴリシャヌイ宮殿　ここで夜な夜な舞踏会が催された

◆ゴリシャヌイ宮殿（グロドノ州ゴリシャヌイ村）　数あるベラルーシ廃墟ストーリーのなかで、私が一番ひどいと思ったのが、このゴリシャヌイ宮殿にまつわる話である。何しろ、ほぼ完品のまま戦後を迎え、壊れる必然性がまったくなかったのだから。

もともとは、この地の大貴族で〈大公国〉副宰相にまで上り詰めたパヴェル・サペガが一七世紀前半に築いた宮殿である。第二次大戦でもほとんど被害を受けず、赤軍が当地を解放した際に宮殿での宿営を勧められながら、その美しさに固辞したという逸話が残っている。

ところが、六〇年代にとんでもない愚行が行われる。戦後ゴリシャヌイ村の人口が増加したので、公民館をつくることになった。その際に地元行政府は、血気盛んな若者を動員して宮殿を取り壊し、そこから運び去った煉瓦で公民館を建てたのである。かくして、伝統的な「メスチェーチコ」(ベラルーシやウクライナに特有の小規模な集落)の姿を最も純粋にとどめるゴリシャヌイの景観に似つかわしくない、見苦しい箱モノがお目見えした。ちなみに、年代物の煉瓦の強度を計算していなかったので、公民館は二度崩落したという。廃墟と化した宮殿は、さすがに現在では国の保護下に置かれているものの、煉瓦を持ち去る住民はいまだに後を絶たないようだ。

◆カルトゥジオ会修道院(ブレスト州ベリョーザ市) かつてベリョーザに、〈大公国〉における最も華麗な宗教施設と称えられたカトリック修道院があった。カルトゥジオ修道会にちなんで、街自体も戦前まではベリョーザ・カルトゥスカヤという名前だった。

一七世紀半ばに修道院を設けることを決めたのは、レフ・サペガの四男、カジミル・サペガ。信仰心篤いカジミルは、歴史が古く戒律も厳しいカルトゥジオ修道会を自らの所領に招致し、修道院の造営に莫大な資金を投じた。本人は一六八九年の完成を見ずに没するも、敷地内に建てられた教会の壁のなかに埋葬された。修道院は国家のなかの国家とさえ称され、俗世間から隔絶された謎の存在だった。

一八世紀末に帝政ロシアに組み込まれると、このようなカトリックの牙城が政府によって危険視されたのは言うまでもない。一八六三〜六四年の一月蜂起を受け、修道院は取り壊されてしまう。煉瓦はロシア兵の兵舎に用いられ、大理石の敷石はジロヴィチの正教修道院に運び去られた。銅製の屋根はグロドノの正教寺院の建立に利用されたが、この寺院もポーランド時代の一九三八年に解体の憂き目に会うのだから、因果は巡ると言うべきか。今日カルトゥジオ会修道院の廃墟は、よそ者がめったに訪れない田舎町ベリョーザの片隅で、ただうつろに佇んでいる。

◆神聖三位一体聖堂（ブレスト州ヴォルチン村）　地理的に言うと現ベラルーシ領で最も西に位置する教会とのこと。後期バロック建築の傑作の誉れ高いこのカトリック聖堂は、名門チャルトリスキ家の所領に、一七三三年に建てられたものだった。その前年に領内の館で生まれたのが、スタニスワフ・アウグスト・ポニャトフスキである。のちに〈共和国〉国王に即位し、列強による分割の結果、最後の国王になってしまう人物だ。祖国滅亡から三年後の九八年に失意の死を遂げたスタニスワフ・アウグストは、その後故郷の神聖三位一体聖堂に運ばれて葬られる。

ところが、その眠りは安らかなものではなかった。この地の多くのカトリック寺院同様、一月蜂起後の一八六六年に神聖三位一体聖堂もロシア正教に転換させられ、改装を施された。第一次大戦でポーランド／カトリックが聖堂を奪還したのもつかの間、第二次大戦後はソ連体制下で踏み付けにされる。近所の村人が棺から王冠を持ち去り、村で婚礼があるたびにそれを着けて踊っていたという、ちょっと眉唾物の話まである（[41]2003.1.24）。ポーランドが両大戦間期にスタニスワフ・アウグストの遺骸をワルシャワに改葬しておいたことは、正解だったかもしれない。

それにつけても、今日の神聖三位一体聖堂の惨状たるや。戦後のポーランドとの住民交換で、ヴォルチン村にはほとんどカトリックが残らず、教会も無人化した。当初は集団農場の肥料置き場だったが、そのうち屋根が壊れ、肥料置き場としても使えなくなった。聖堂のシルエットを印象的な

シャガールが住んでいた頃のヴィテプスクの風景
左上の教会がウスペンスキー大聖堂

ものにしていた四方に配された四人の使徒のうち、三人はすでに落下して砕け散り、最後の一人の命も時間の問題と見られている。過去一〇年ほど修復が取り沙汰されているものの、検討作業を上回る速度で崩壊が進んでいる。

◆ウスペンスキー大聖堂（ヴィテプスク市）　シャガールの代表作に、「盃をかかげる二重肖像」という作品がある。この名画でシャガールと妻ベラの背景に描かれているのは、画家が青年期までを過ごしたヴィテプスクの街である。ベラの右脚の後方に青紫色の屋根の教会が見える。ウスペンスキー大聖堂に相違あるまい。この場所には一五世紀初頭から木造の教会があったとされるが、シャガールの描いた石造の建物は一七八五年に完成したもの。一八三九年の教会会議でユニエイト宗派（正教の典礼とカトリックの教義を折衷した宗派）が廃止されたのを受け、同年五月にロシア正教の府主教が来訪し最初の礼拝が行われたのもここである。この由緒ある大聖堂も、一九三六年に社会主義政権によって木っ端微塵に破壊されたのだった。名画誕生から一八年後の悲劇であった（跡形もなく壊されてしまったので、厳密に言えば「廃墟」ではない）。

それにしても、なぜこの大聖堂だけは残してくれなかったのだろうか。私は、現在でもベラルーシで一番美しい街はヴィテプスクだと確信しているが、川岸の丘にウスペンスキー大聖堂のある風景はまた格別だったろう。世界中からシャガールのファンが訪れ、西ドヴィナの対岸から大聖堂を眺めたり、記念撮影に興じたりしたのではないか。

九〇年代に入って大聖堂の再建話が持ち上がり、九八年に定礎式が行われたものの、二〇〇〇年秋に私が視察した時には工事は行われていなかった。その後どうなっているのだろうか。

◆アウグストフ運河（グロドノ州）　ベラルーシのニョーマン川とポーランドのヴィスワ川を全長一〇二キロメートルにわたって結ぶ運河。ポーランド地域からプロイセンを迂回してバルト海に抜けるために、ロシア皇帝の命により一九世紀前半に築造された。その後、交通路としての役割は低下したものの、当時の技術の粋を集めて造られた運河は、水利工学史上の重要な遺産となった。

このアウグストフ運河は、現在ポーランド部分とベラルーシ部分とでくっきり明暗が分かれている。かたやポーランドは半世紀前に運河の全面的な修復を実施し、ホテルやレストランも整備して、現在では立派なレクリエーション・センターとなっている。これに対し我らがベラルーシでは、戦後完全にほったらかしにされたため、水深は船が通れないほど浅くなり、水門は壊れ、岸は草ぼうぼうという惨状である。ポーランドはアウグストフ運河を世界遺産に登録することをめざしており、ベラルーシも便乗をねらっているようだが、その前にやることがあるのではないか。

◆白亜館（ブレスト市）　ブレストと聞けば、ブレスト・リトフスク講和条約を思い浮かべる人も多いだろう。ロシア革命直後の一九一八年三月に、レーニン率いるソビエト政権が、第一次大戦から

ブレスト・リトフスク条約が結ばれた白亜館

離脱するため、ドイツ等と不利な条件で結んだ条約である。条約は同年にドイツ帝国が瓦解することで効力を失うのだが、ソビエト外交の原体験として長くその影響をとどめることになる。

　さて、その講和条約の交渉が行われた場所が、ブレスト要塞の内部に立っていた「白亜館」という建物である。一七世紀に建てられた修道院の建物を、一八三〇年代の要塞築造の際に軍人用施設として改築したものであった。時代は下って一九四一年、ナチス・ドイツがソ連に急襲をかけた時に、真っ先に攻め立てたのが国境のブレスト要塞である。ソ連軍がなすすべもなく敗走するなか、この要塞だけは約一ヵ月にわたり英雄的な抵抗を続けただけに、ドイツ軍の砲撃は熾烈を極め、白亜館も基礎部分を残してほぼ全壊したというわけだ。

　白亜館の廃墟は戦後に保存処理が行われているので、これ以上崩れることはないが、いかにも公認廃墟という感じで、やや面白味には欠ける。

◆チェホヴィチ邸（ヴィテプスク州スターラヤ・ベリツァ村）　二〇世紀初頭、帝政ロシア西部の片田舎で、一月蜂起に参加して不遇の身となったチェホヴィチ公爵が、ひっそりと晩年を送っていた。一九〇三年、そこに一人の青年が使用人として働きに来た。のちにベラルーシ近代文学の中心人物となるヤンカ・クパーラである。大した教育も受けていなかったクパーラが文学に目覚めたのは、公爵が豊かな蔵書を見せたり、ポーランドやロシアの文学について語って聞かせたりしたことがきっかけであった。

チェホヴィチ邸はクパーラゆかりの場所として、一九七六年にベラルーシ共和国の史跡リストに加えられた。その邸宅が、なぜか破壊への道を突き進むのだから、油断も隙もない。その発端は、建物が痛んできたことから、地元の国営農場が修繕を提案したことであった。政府がそれに同意すると、張り切った農場支配人が独自に人夫を集め、作業の取っ掛かりとして屋根を壊してしまった。ところが、資金不足ゆえか、行政による再建作業は一向に始まらず、修繕をするはずが逆に崩壊に拍車がかかってしまったのである。こうなると、誰かが煉瓦を、誰かがドアをと、めぼしいものを次々と持ち去っていく。現状ではもはや再建が不可能な状態となっている。

◆シナゴーグ（ミンスク市）　無粋な現代都市のミンスクも、一歩裏道に入ると案外古いものが残っていたりして、印象が変ることもある。この街を南北に貫くマシェロフ大通りの裏手にも、素性の分からない廃屋や、旧ソ連特有の未完工建設などが混在する、ちょっと不思議な世界が広がっていた（この辺りはネミガ地区といってミンスクのなかでも由緒のある区域）。日本に帰ってから報道で知ったのだが、実はこの界隈の壊れかけた建物の一つが、ここで紹介する旧シナゴーグ（ユダヤ教の礼拝堂）だったのである。

シナゴーグは一八九七年に建てられたもので、第二次大戦でも全壊を免れ、戦後は再建されて芸術家同盟によって使用されていた。老朽化が進んでいたとはいえ、独立後の九二年にも史跡に指定されている。ところが何を思ったか、二〇〇一年になってベラルーシ当局はこの旧シナゴーグをあっさりと解体してしまう。国際的なユダヤ人団体が非難の声を上げただけでなく、ベラルーシ議会の多くの議員も大統領宛てのアピールに署名したほどである。二〇〇三年六月に私が立ち寄った時には、シナゴーグはもう跡形もなく、付近には真新しい住宅が立ち並んでいた。

戦中・戦後にユダヤ人が激減してしまったこともあって、ベラルーシの古いシナゴーグはほぼ全滅した格好である。グロドノ、スロニム、ストリンでは、現在もその廃墟が見られる。

◆ルジャヌイ宮殿（ブレスト州ルジャヌイ町）　それでは最後に、とっておきの一つ、私がベラルーシの廃墟の最高傑作と信じているルジャヌイ宮殿跡を紹介したい。その格調は、ベラルーシにおける廃墟の王と呼ぶにふさわしい。

何しろ縁起が申し分ない。その歴史は、一五九八年に時の〈大公国〉宰相レフ・サペガがこの領地を取得し、要塞を築き上げたことに遡る。一七世紀末から一八世紀初頭にかけての戦乱で、要塞は破壊にさらされた。それにより軍事的意義が低下したため、一八世紀後半にイタリア人建築家により宮殿として再建された。周囲の景観と調和したその姿は、後世「ベラルーシのヴェルサイユ」と称されるようになる。劇場、絵画展示場、図書館、博物館を備え、庭園には水路、並木道、動物小屋があった。内外の名士がもてなされ、ポーランドの国王が逗留したこともあるという。

宮殿は第一次大戦の際に火災に会い、ポーランド時代の三〇年代に再建が試みられたものの、第二次大戦で再び大々的に破壊された。しかし、パルテノン神殿のよう、と言ったら言いすぎかもしれないが、この宮殿に限っては廃墟ゆえの美を感じる。これ以上の崩壊を防ぐための保護は必要にしても、あえて再建する必要はないという点で関係者の認識は一致している。

というわけで、本書の扉にも、ルジャヌイ宮殿を採用した次第だ。

結局はベラルーシ人自身の問題

ベラルーシとその周辺諸国を訪ね歩くと、「ソ連政府にはベラルーシの歴史遺産を重点的に破壊するという政策でもあったのだろうか？」と、どうしても疑いたくなる。たとえば、ベラルーシと隣接しているロシアのスモレンスクという都市でも、第二次大戦で市街地の九割以上が破壊された。しかし、歴史的建造物の多くが再建され、今では中世の城壁や無数の教会を擁する、なかなかに趣きのある街となっている。やはり当国と隣り合い、同様の戦災に会ったウクライナのチェルニヒフでも、古都としての魅力は決して失われていない。要は、戦争で壊れてしまったのは同じであっても、戦後に再建するか、好都合とばかりに解体してしまうかの違いなのだ。フルシチョフが、最初に共通のソビエト文化に移行するのはベラルーシであろうと発言していたように、どうも新文明の模範生にされてしまった印象が強い。

もっとも、ベラルーシ人自身が都市の景観、歴史的建造物の保存にあまり執着してこなかったことも事実である。その証拠に、ロシア／ソ連のくびきから解放されたはずの当節でも、破壊は進行している。一般に、国家をもったことのある民族を「歴史的民族」、そうでない民族を「非歴史的民族」という。この区分は、後者を見下すニュアンスがあって必ずしも好きではないが、昔ながらの街並みを守ることに関するポーランド人とベラルーシ人の温度差は、歴史的に形成されてきた国民意識の違いによってしか説明できないという気もする。

神聖三位一体聖堂とウスペンスキー修道院の両方を取材したジャーナリストは、次のように書き綴っている。「ベラルーシの最西端には……ヴォルチン村の見事なカトリック聖堂。東との国境には、プスティンキ村のいにしえの正教修道院。二つの宗派、二つの歴史、一つの運命、今はどちらも廃墟。その間には、ヨーロッパの真ん真ん中の国。ずっと右往左往し、どうにも煮え切らず、自分を見定められない国」([41]2002. 2. 1)。

第二節　文化財はどこへ行った

マルジス博士のライフワーク

「スコリナ記念国民研究・啓蒙センター」のマルジス博士は、現代ベラルーシを代表する文化人である。同氏の数多い肩書きのなかに、「ヴャルタンネ」なる任意団体の委員長というものがある。「ヴャルタンネ」はベラルーシ語で「返還」を意味し、この団体が取り組んでいるのは、ベラルーシから諸外国に流出した文化財に関する調査を行い、その返還の実現を各方面に働きかけることである。ベラルーシ知識人のまとめ役であるマルジス氏がライフワークとしてこの問題に取り組んでいるのは、本件が国民文化にとって喫緊の課題であるからに他ならない。

マルジス博士が私に語ったところによると、本来ベラルーシのものだった文化財のうち、現在この国に残っているのは一割にも満たないと推定されるという。人によっては、これよりもましな数字を挙げる場合もある。いずれにしても、残っているものよりも流出してしまったものの方が多いという点で、関係者の認識は一致している。

古来、東西からの侵略者は、寛容なベラルーシ人からその富を手当たり次第に奪っていった。そのクライマックスが、二〇世紀の二度の世界大戦である。第一次大戦に際しては、ベラルーシの文化財はポーランドをはじめとするヨーロッパ方面に大々的に持ち去られた。ミンスクからだけでも、三万六〇〇〇箱分もの物品が運び去られたという。第二次大戦中にも、ベラルーシ各地の美術館・博物館からおびただしい数の文化財が掠奪され、西欧・中欧諸国へと向かった。

災難が起きるのは戦時とは限らない。文化財というのは政策として首都に集められるものである。ソ連時代には、この地の文化遺産は全ソ連共有の財産とされ、ロシアの博物館に盛んに運び去られた。当時は、ベラルーシで財宝などが見付かっても、モスクワに持っていくのが不文律であったという。追い討ちをかけるように、ベラルーシの骨董品は惜しげもなく外国に輸出された。

これだけ文化財が流出してしまうと、歴史研究にも重大な支障が生じる。ベラルーシの学者がロシアの博物館に自国の文化財のことを調べに行っても、お目当ての品が陳列されておらず、対面を果たせないことも多いらしい。そもそも、自分の国の歴史を調べるのにいちいち外国に行かなければならないということ自体、不条理ではないか。

進展しない諸外国との交渉

そうは言っても、かつてベラルーシにあったものをすべて返せというのは、非現実的である。「ヴァルタンネ」が取り組んでいるのも、さしあたりは持ち去られた文化財の目録を作成し、その消息を突き止めることである(これ自体大変な苦労であろう)。そのうえで、各方面に理解を促し、建設的な解決策を提案するのが、マルジス氏らの仕事である。たとえば、現在ベラルーシで死蔵されている近隣諸国の文化財のリストを洗い出し、それと交換するといった方法が考えられている。

それにしても、国民文化にとって喫緊の課題であるならば、なぜ国ではなく任意団体がそれに取り組んでいるのだろうか。少なくとも傍目からは、国は何もしていないように見える。もっとも、ルカシェンコ大統領がもう何年も西欧・中欧諸国の首脳と会談すら行っていないという状況では、これらの国々との間で交渉が前進しないのも、ある意味合点が行くことではあるが。

リトアニアとの関係はとりわけ微妙である。ヴィルニュスは歴史的にベラルーシ民族運動の拠点であり、両大戦間期のヴィルニュスには、ルツケヴィチ兄弟が開設した「ベラルーシ博物館」があった。しかし、一九三九年にヴィルニュスにソ連軍が侵攻し、この街がソ連邦の構成共和国たるリトアニア共和国のものになると、博物館は閉鎖され、館長の弟アントンは囚われの身となる。兄イヴァンが苦労して集めたコレクションはリトアニア共和国とモスクワによって折半され、ミンスクにはごく一部が引き渡されただけだった。ソ連末期からベラルーシとリトアニアの間でもう二〇年も返還交渉が続けられているものの、進展はない。

それでは、最大の友好国であるはずのロシアとの間ではどうか。何しろ、この国がベラルーシの文化財を大量に抱えていることは公然の秘密である。モスクワには、スコリナの出版物八四点がロシア国立歴史博物館に所蔵されているのをはじめ、多数の品々がある。エルミタージュ美術館にもベラルーシの貴重な品が八六点。

しかし、これまでのところ、ロシアからベラルーシに文化財が返還された実例は非常に少ない。ルカシェンコ大統領はロシア首脳や各州の知事たちと頻繁に会っているのに、権謀術数に熱中するだけで、文化財のことなど眼中にないようだ。マルジス氏らが求めている文化財の返還に関するロシアとの二国間協定は、いまだに締結されていない。

エフロシニヤの十字架は今どこに

ベラルーシにとって痛恨だったのが、エフロシニヤ・ポロツカヤの十字架が失われたことである。これは、第一章で紹介したポロツクの公女エフロシニヤが、一一六一年に地元の名工に製作させたもの。金や宝石をふんだんに用いたこの逸品は、いつしか国民的聖物とされるようになる。

十字架は、ロシア革命後の一九二一年に救世主エフロシニヤ修道院から没収され、その後モギリョフ郷土史博物館で保管されていた。ところが、ドイツ軍がこの地を席巻した四一年に行方不明になってしまい、そのありかは今も杳として知れない。以前から、これを奪ったのは

エフロシニヤの十字架

ドイツであり、戦後に宝石商に売られ、その直後に米国の富豪の手に渡ったといったことがささやかれていた。一方、マルジス氏は、どうやらロシアにありそうだと見ている。ドイツ軍がモギリョフに入る直前に、ソ連当局が博物館から貴重な品々をロシアに持ち去ったというのである。

エフロシニヤの十字架は、独立後のベラルーシで国家的なシンボルとなった。九二年に独立国として初めて切手を発行した時の図柄も、この十字架だった。九三年にはある芸術家に正教会が十字架の復元を依頼し、困難な作業のすえ完成した十字架は九七年に修道院に奉納されている。エフロシニヤ生誕九〇〇周年が祝われた二〇〇一年には、かのルカシェンコ大統領も祝辞を発表し、エフロシニヤの十字架は我が国の精神的シンボルであると述べた。珍しくこれだけ国民的総意が得られているのに、肝心のオリジナルの十字架が消えてなくなってしまっているのは、皮肉である。

なぜか地元に残らなかったスルツク帯

「スルツク帯」という工芸品がある。一八世紀半ばに生産が始まった高級織物で、絹の他に金糸、銀糸を用い、美しい模様を施されていた。

その昔、〈共和国〉の男性貴族は「クントゥーシ」という特有の上衣を着用し、その上から絹製の雅な帯を絞めるのがならわしであった。当初は中近東から輸入されていたが、ラジヴィル家の保護の下、一八世紀半ばにスルツク（現ミンスク州の古都）に工房が設けられ、中近東の模倣を脱した独自の様式を完成させた。スルツク産の帯が有名になり、ポーランドやウクライナの工房もそれを模範にしたので、「スルツク帯」と総称されるようになった。

一八世紀末に〈共和国〉が列強によって分割されると、ロシア領となった地域ではクントゥーシの着用が禁止され、スルツク帯の生産も打ち切られた。スルツクの工房は一八四四年まで存続したものの、末期にはもっぱら僧衣が生産されていた。ところが、この頃からスルツク帯の美術的な価値が注目されるようになり、各国の収集家や博物館は希少な現存品を競って入手した。かくして、知る人ぞ知る至宝とされるようになったのである。

かつてはラジヴィル家のネスヴィジ宮殿に、三二点にも上るスルツク帯の最大規模のコレクションがあった。しかし、独ソ戦の混乱にまぎれてなくなってしまい、行方は分かっていない。スルツク帯はポーランドには結構残っていて、ロシア、ウクライナにもあるのだが、母国であるはずのベラルーシできわめて数が少なく、主立った博物館で西欧から貸与された品を一〜二点見ることのできる程度である。高価なうえに実用性が乏しいため、今からこれを復刻するというのも非現実的であり、現在では安っぽい土産物がつくられているだけのようだ。

「救済された」文化財

私がブレスト市を訪問した時のことである。現地の人から、非常に価値のある美術品の展示場があるから、そこに行くとよいと勧められた。訪ねてみたところ、なるほど見事なイコンや絵画が多数展示されていた。ふと壁に目をやると、そこには「救済された美術品の展示」と記されている。思わず、傍らの館員に問いかけた。「『救済された』とありますが、これはひょっとして、外国からベラルーシに返還された美術品の展示なのですか」。

私の推測は大はずれだった。これは、ブレストの国境を通ってポーランド方面に違法に持ち出されようとした文化財を、水際で食い止めたもののコレクションだったのである(正確な名称は、ブレスト州立郷土史博物館の分館「救済芸術品展示場」)。しかも、ベラルーシのものはほとんどなく、大半がロシアの作品であった。現在ロシア・ベラルーシ国境は基本的にノーチェックだから、ロシアから陸路ヨーロッパに向かう違法輸出は、ここブレストで摘発するしかないのである。これが「救済」の意味であった。やはりベラルーシという国は、独自の文化を築き上げることよりも、ロシア世界の西の守りを固めることの方がはまり役なのか。そんなことを、つい考えさせられた。

後日、マルジス氏とこの展示場の話になった。博士は案の定、あれは偶然のコレクション、死んだ博物館にすぎない、ああいうものこそロシアとのトレードに出せばいいとのご意見であった。

文化財の墓場

これまでの論旨と若干矛盾するようだが、貴重な文化財が根こそぎ外国に持ち去られたからといって、ベラルーシ国内に何も残っていないというわけではない。単純に品数だけをいえば、二〇〇〇年現在、ベラルーシの博物館体系の収蔵品は二五〇万点に上った。そのうち、総本山たるベラルーシ国立歴史・文化博物館は三二万点を抱えているという。あの大英博物館が約七〇〇万点というから、ベラルーシの収蔵品数が絶望的に少ないということにはならないだろう。にもかかわらず、国立博物館の展示があれだけあっさりしているのは、奇怪と言わざるをえない。

実際のところ、ベラルーシ国立歴史・文化博物館がどうにも振るわないのは、展示品不足のためというわけではなさそうだ。ソ連時代には、イデオロギー的な偏向はあったにせよ、それなりに見応えもあった。ところが、九〇年代に入って国民史学が迷走するにつれ、博物館も方向性を見失ってしまったようなのである。たとえ豪華な秘宝などなく、パネル展示だけだったとしても、確固たるコンセプトと意志さえあれば、訪れるに値する博物館はつくれるはずだ。今のこの国にまず欠けているのは、その点なのではないか。

それはそうとして、国立歴史・文化博物館の三二万点の品々がどこでどうなっているのかというのは気になる。実は、地下収蔵庫で文字どおり死蔵されているのである。現場を訪れたジャーナリストは、その惨状を「文化財の墓場」と表現している([41]2001.2.9)。温度・湿度の管理されていない地下室に、所蔵品がすし詰めにされている。薄暗い部屋では数人の女性が、満足な材料や道具もないままに、こつこつと文化財の修繕に当たっている。

ベラルーシでは、文化財の保管体制がずさんで、修繕のできる専門家も少ないという問題が叫ばれて久しい。博物館員の給料は悲惨で、文化財の保護はもっぱらスタッフの奉仕精神に頼っている。これでは、博物館が新しいコンセプトを打ち立てて展示を一新しようにも、なまじ在庫の数が多いだけに、必要な展示品を見付けて満足な状態で提供するのは難しいだろう。

あなどれない地方の博物館

ただし、地方に行くと面白い博物館も結構ある。なかでも、ゴメリ州ヴェトカ市のヴェトカ民芸博物館などは圧巻であった。ヴェトカは一七世紀の後半以降、帝政ロシアの迫害を逃れてリトアニ

ヴェトカ民芸博物館のルシニキの展示

ア大公国に移り住んできた正教古儀式派の教徒が築いた街であり、古儀式派のものを中心とする聖書やイコンがこの博物館の目玉となっている。博物館の収集品については、堅物のイメージのある故グロムイコ外相(当地出身)も、回想録のなかでその価値を称えている。

> ヴェトカは特徴的な木製の写本と本で有名である。……先頃、パリの競売できわめて貴重な本が大変な高値で売られた。この本は「使徒」という題で、ロシア人の印刷術の創始者、イヴァン・フョードロフが一五七四年に出版したものだ。ヴェトカの住民が、自分たちの地方博物館に同様の本があることを知れば、誇りに思うに違いない。……正直に述べれば、私は終生、稀覯本、古地図、その他歴史に関連したあらゆるものに興味を引かれてきたのだ。([50]13)

そしてヴェトカの博物館にはもう一つ、「ルシニキ」と呼ばれる民具の一大コレクションがある。ルシニキは東スラヴ民族の伝統的生活のあらゆる場面で使われる手拭いであり、赤と白を基調として、神秘的な文様を配している。ヴェトカ博物館では、ネチャエワ館長の陣頭指揮のもと、ベセジ川流域（ロシア領のブリャンスク州を含む）のフィールドワークを数次にわたって敢行してきた。博物館のゴメリ市内の分館では、ルシニキのデザインがベセジ川の下流から上流にかけてどのように変化していくかが展示されていた。異教の影響を色濃くとどめたルシニキの図柄を解釈する研究にも取り組んでおり、学術的にも高く評価されるべき仕事である。

伝統を創ろう

ベラルーシに行った外国人が困ることの一つに、適当な土産物が見付からないという問題がある。前述のルシニキが贈答用に大量生産されているものの、現代の量産品はもらってそれほどうれしいものではない。

一方、スコットランドに行くと、名物のタータンチェック柄の土産物が選り取り見取りであるだけでなく、タータンの手軽な解説書なども売られていて、実に楽しい。こうした解説書には、各氏族の歴史とそれぞれのチェック柄の対応関係がコンパクトにまとめられていて、この土地へのシンパシーが自然と湧いてくる。

実は、スコットランド古来の伝統と考えられているキルトは、一八世紀に部外者により考案されたものであり、氏族ごとにタータン柄を変えるというのも近代の発明なのだという（[31]29-72）。しかし、いかに学者がそのような真実を暴こうと、タータンによってイメージ化されたスコットランドの魅力には、抗いがたいものがある。

結局、今のベラルーシに足りないのは、このように自分の国の文化に付加価値なり物語なりを加え、商品に仕立てようとする努力なのだと思う。ヴェトカ民芸博物館が、ベラルーシ語の解説の載った堂々たる写真集を出版したことには、敬意を表したい。しかし、もしも愛らしいルシニキのミニ・ガイドブックのようなものが土産物売り場で売られていて、それに全国分布図や模様に関する英語の解説が載っていたら、同じくらいすばらしいことだと思う。誤解を恐れず言えば、私は仮にそれがホブズボウムらの言う「創られた伝統」であったとしても、一向に構わないと考えている。増してや、ルシニキはキルトと違って捏造などではなく、本物の伝統なのだから。

自覚されないもう一つの喪失

さて、このルシニキの例に見られるように、一般にベラルーシ文化の醍醐味はいわゆるハイカルチャーよりもフォークロアの分野にあると言える。特に、ウクライナと接するベラルーシ南部一帯、ドニエプル川およびその支流のプリピャチ川に沿ったポレシエ地方は、その宝庫である。

ポレシエ地方の歴史・民俗学研究の第一人者であるブレスト大学のジロバ氏に、話を聞く機会があった。ヨーロッパのなかで最も純粋な形でフォークロアが保たれている地域としてルーマニアのマラムレシュが知られていますが、と話を向けたところ、ジロバ氏は色をなして反論した。「マラムレシュはより劇場的であり、観光客に見せるためにあります。ポレシエでは、それよりも目立ちませんが、伝統はより多く、より深く保持されています。各種の風習を見ると、完全に異教のそれであり、太古の昔から保たれているものです。婚礼一つとっても、きわめて興味深い要素が、手付かずで残されています」。うむ、マラムレシュよりもすごいのかと、私は思わずうなったのである。

だが、国民が豊かなフォークロアの価値を自覚しているか、また政権が満足な保護策をとっているかといえば、疑問視せざるをえない。チェルノブイリ原発事故で、当国は東ポレシエ地方(ほぼゴメリ州、モギリョフ州南部に相当)を中心に深刻な放射能汚染に見舞われた。人々は汚染地域の村を捨てて都市に移り住み、それにより村々の言語、文化、風習も消滅の危機にさらされた。九〇年代前半には被災地域で多くの民俗資料が収集され、これらを展示する博物館の開設計画が持ち上がったが、ルカシェンコ政権になって暗礁に乗り上げる。文化省の幹部は計画を、まったくばかげたものと切り捨てた。被災地域の文化はベラルーシのその他の地域のものと実質的に変わらないので、一般の関心を呼び起こすことはないのだという。

チェルノブイリの問題を抜きにしても、現在ベラルーシではすさまじい勢いでフォークロア文化が失われている。外国に流出した文化財は、いつかベラルーシに帰ってくるかもしれない。しかし、いったん失われた民俗文化は、二度と取り戻すことができないのではないか。

第三節　廃墟の歩き方

埋もれた歴史を訪ねて

確かに、ベラルーシには普通の外国人観光客を引き付けるような古い街並み、名所・旧跡、文化財の類が乏しい。しかし、それはこの地に歴史がなかったということでは決してない。廃墟についてのエピソードを読んでいただければお分かりのように、そこにはきわめて濃密な歴史、波瀾万丈のドラマがあったのである。むしろ、あまりにも豊かな歴史の重みに押し潰されて、あらかた壊れてしまったのではないかという気すらする。

たとえ古い街並みや建物が残っていなくても、いや、だからこそ、ベラルーシを訪ね歩くことは発見に満ちている。廃墟にも時として、完品にはない趣き、我々の想像力をかき立てる何かがある。私は地方視察の折りに、地元の郷土史家に街を案内してもらう光栄に何度か浴したが、とめども尽きない興味深いエピソードに圧倒されるのが常であった。

皆様は、ガイドさんが写真の立ち位置まで教えてくれるようなお仕着せの海外旅行に飽きてはいないだろうか。そうしたありきたりのツアーに疑問を感じ、とびきりの冒険をしたければ、今すぐベラルーシにゴーだ。とにかく、現地に行ってみなければ何があるか分からない、往々にして何もないのだから、スリル満点である。

残念ながら、この章の冒頭でも述べたように、現実にはベラルーシを訪れる外国人観光客というのはごく少数である。もちろん、その最大の原因は、一般受けするような観光資源が乏しいことだろう。だが、それだけではない。

情報の不足

まず何と言っても、情報が圧倒的に不足している。致し方ないこととはいえ、諸外国で発行される旅行ガイドブックで、ベラルーシのことが詳しく取り上げられることはない。ロシア・ガイドブックのなかで、申し訳程度に触れられるだけである。

それより問題は、ベラルーシ自身がそのような情報を発信していないことだ。独立後にこの国で、現代のニーズに合うような自国に関する旅行ガイドブックが出た例を私は知らない。建築遺産や教会についての本などは結構出ているものの、そういうのはたいてい学者先生が、やれバロックだやれゴシックだと、建築様式についてのうんちくをベラルーシ語でたっぷりと傾けている大著で、旅行者がガイドブックとして使うのには不向きだ。私はたまたま、一九八二年に出た『白ロシアの歴史的建造物』(〔87〕)というロシア語の本を見付け、ないよりはましと思いつつこの本を頼りにベラルーシの史跡を訪ね歩いたが、今日に至るまでこれを上回るものに出会っていない。

ルカシェンコ政権は最近、外国人観光客の誘致に突然目覚め、「観光庁」を設置した。現在、この機関が各種の観光案内資料の作成を準備していると伝えられ、お手並み拝見といったところだ。

アクセスとアメニティ

ベラルーシでは面白いものは地方、それもしばしば市街地の外に埋もれている。となると、その場所にどうやってたどり着くかが問題だ。もちろん、「はとバス」のようなものがあるわけではないから、自力で足を確保しなければならない。旅行者にとって一番手っ取り早いのはレンタカーを借りてしまうことだろうが、お金がかかるし、ある程度の土地勘や語学力がないと危険だ。外国人が独力で前出のプスティンキ村にたどり着いたら、奇跡と言うべきだろう(老婆心ながら、市販の地図には載っていないので、念のため)。

実は私は車を運転できないので、ベラルーシの各都市には基本的に列車やバスなどの公共交通機関を利用して行った。しかし、旧ソ連の公共交通は、馴れない外国人が快適に使えるようなものではない。それに、どの街に行っても名所・旧跡マップのようなものはまずないから、結局は地元の人に案内でもしてもらわないと、有意義な観光はできない。

アメニティの問題も指摘しなければならないだろう。ミンスクはまだいいとして、問題は地方都市である。主要都市には寝泊まりできる程度のホテルはあるが、外国人観光客がくつろいで楽しめるものには程遠い。ポロツクの市長が最近、現在年間三万人にとどまっている同市の内外からの観光客受入を、どういう根拠があるのか、年間一七〇万人に増やしたいとの抱負を語ったそうである。しかし、ホテルはたった一軒で、外食や娯楽の施設もなく、夜になると漆黒の闇に覆われるこの街で、どうやれば一〇〇万人突破が可能なのか。

私自身、ポロツクを訪れた際には随分ひもじい思いをした。街を歩いても食事できるような場所がどこにも見当たらず、ホテルのレストランは披露宴で貸し切りだという。やむなく食料品店で粗末なパンやチーズを買い求め、それらを安ビールで胃に流し込んで飢えをしのいだ覚えがある。御当地の名物料理とは言わないから、せめてまともな食事くらいはしたいものである。

せめて地図、絵葉書を

さらに、ベラルーシの地方に行ってとても残念に思うのは、街の観光案内資料や絵葉書のようなものはもちろん、往々にして市街地図すら売られていないことである。最近になって、ようやく改善の兆しが見え始めたのは、喜ばしいことだ。

とにかく、汽車やバスに何時間も揺られて地方都市に行くのに、街に関連した土産物や印刷物が現地に何もないというのは悲しい。私がグロドノに初めて行った時もそうだった。本屋の店員に、何でもいいから当地に関係のあるものはありませんかと聞いても、「一切ありません」と取り付く島もない。あまりにきっぱりと否定するので、こちらもむきになり、グロドノと名の付くものを草の根を分けても探し出そうということになった。結局、学術書のコーナーで見付けたグロドノ大学の紀要を買い求め、わずかな慰めにした。この国で最も観光資源に恵まれたグロドノからして、このありさまである(二度目に行った時には大分改善されていたが)。そうかと思うと、ノヴォポロツクやスヴェトロゴルスクといった、工場と団地しかない街の絵葉書セットが堂々と売られたりしているのを見ると、この国の人たちは一体どういう感性をしているのかと疑いたくなる。

日本の皆様にベラルーシ旅行をお勧めするつもりが、愚痴だらけになってしまい、逆効果だっただろうか。いずれにしても、私はベラルーシ各地を訪ね歩いて大きな充実感を得たのと同時に、それと同じくらい大きな疲労感、徒労感も得たことは正直に認めておかなければならない。

子供たちを「黄金の環」に

さて、外国人がベラルーシに興味を示さないとしても、それはそれでやむをえまい。問題は、冒頭で触れたように、国民が国内旅行にほとんど目を向けず、自国の歴史的・文化的遺産に接する機会があまりにも少ないことだと思う。当国における国内旅行の低調さと、卑屈とも思える国民意識

グロドノの城塞跡で出会った子供たち

は、表裏一体の関係にあるというのが、私の認識である。

それでも、ベラルーシの一部の人たちは、子供たちを自国の歴史や文化に少しでも触れさせようと、奮闘している。当国には、日本の修学旅行のような制度化されたものはない。時折、史跡や博物館で見かける子供のグループは、学校の先生などが自らの発意で参加を呼びかけたものだ。

ピンスクのサヴィチ氏という文化活動家が、次のように語ってくれたことがある。「子供たちに目覚めてほしいのです。先日、子供たちを『ベラルーシの黄金の環』に連れて行きました。ネスヴィジ、コソヴォ、ミール、ルジャヌイを見せ、本物の歴史、黄金時代について語ってあげたのです。二日間だけでしたが、一生覚えているはずです。お金も手間もかかって、なかなかできないのですが。彼らは大変に貧しい生活をしていますが、光明を見出してくれたのではないでしょうか。自分の歴史を知らない人は騙せても、知っている人は騙せません」。

私は、「本物の歴史」といった考え方には必ずしも賛同できない。それでも、こうした草の根レベルの教師や活動家の情熱には、目頭が熱くなる思いがする。子供を小旅行に連れて行こうとすると、先生の負担はきわめて大きく、各種の面倒な手配をこなし、自ら引率しなければならない。一日一ドルあまりの薄給で、通常業務に加えてそのような面倒を引き受けるのは、並大抵のことではない。

確かに、あのノヴォグルドクの丘に立ち、残された城壁塔の傍らから、なだらかに起伏する平原をはるか見渡せば、この地が歴史上一貫してロシアの一辺地であったわけでは断じてないことが実感されよう。何も私は、リトアニア大公国は実はベラルーシ人の国でしたなどと、子供を洗脳しようと言っているのではない。そのような行き過ぎた民族主義教育をしないまでも、自国の多様な歴史的・文化的遺産に触れさせることを通じ、国民としての最低限の自意識なり自尊心なりを育むことは、やはり必要ではないか。ベラルーシにかかわってから、私はそう考えるようになった。

＊

しばしば言われるように、外国旅行は自分の国のことを客観的に考える最良の機会である。ヨーロッパのしっとりとした街並みを見て、日本の都市景観の異様さを再認識する人も多いことだろう。この面では、ベラルーシは我々にとって反面教師の役割を果たしうる。否、日本の都市は総じてベラルーシのそれよりもはるかに醜いのだから、彼の国を反面教師と呼ぶのは失礼か。私は、ベラルーシの廃墟をさまよい歩きながら、しばしば極東の旅行赤字大国に思いを馳せていた。修学旅行に行かせてもらえたのに、自国の歴史や文化をろくに知らない自分のことを、反省してみたりもした。ひねくれ者の私をこんな気持ちにしてくれた我が心の廃墟たちに、今はただ感謝。

第３章

◆

絶滅危惧言語の逆襲

とある学校におけるベラルーシ文学の授業の様子

第一節　国勢調査の光と影

近代化と一体になったロシア語化

一般に、ナショナリズムが大衆レベルに浸透するのには、識字率や教育水準が向上し、マスメディアなどが整備されることが必要となる。ベラルーシの人口動態を詳しく跡付けたスティーヴン・グゼアも指摘しているように、ベラルーシ人の場合このプロセスがロシア語化と軌を一にして進んだということが見逃せない([91]55)。

ソ連では、一九二〇年代に各共和国の民族言語・文化が積極的に奨励された時期があり、ベラルーシでもいわゆる「ベラルーシ化政策」が実施された。ところが、たとえば二五年の時点でミンスクに三一〇の「文盲撲滅学校」があったなかで、ベラルーシ語の読み書きを教えるものは皆無であり、ロシア語、ヘブライ語、ポーランド語のそれを教えるものばかりであった。指導者や教材の不足ゆえに、ベラルーシ語化がしかるべく実践されていなかったのである([72]129)。

増してや、民族語化政策に終止符が打たれて以降は、社会進歩や近代化が即、ロシア語化を意味したと言っても過言でない。まったく異質というわけではないだけに、ベラルーシ人がよりステータスが高いと思われたロシア語になびいていったのにも、無理からぬところがあった。ベラルーシ語は旧時代の遺物と受け取られるようになっていく。

ベラルーシ社会の様相は、特に戦後になって激変した。第二次大戦で焦土と化した国土に、大規模な工場が次々と建てられた。かつて都市において多数派だったユダヤ人が戦中に激減したこともあり、労働力不足を埋めるため、農村から都市へと大量に人口が流入した。首都ミンスクの人口は世界的に見ても稀なテンポで膨れ上がり、ヨーロッパ屈指の大都市に浮上することになる。

この間、一〇年ごとに実施された国勢調査の結果を見ると(以下本章では、ソ連統計国家委員会およびベラルーシ統計・分析省発表の公式統計にもとづく場合には、逐一出典を明記しない)、人口に占める民族的なベラルーシ人の比率がじりじりと低下し、その分ロシア人の比率が拡大してきたことが分かる(表1)。さらに顕著なのは、「母語」としてのベラルーシ語の地位が安泰でなくなってきたことであろう(図1)。ソ連最後の一九八九年の調査で、ベラルーシ語が母語であると答えた国民は六六パーセントにとどまった。うち、民族的なベラルーシ人の間では八〇パーセントであり、この指標は三〇年間で一三ポイント低下している。

表1　ベラルーシ共和国の民族構成の推移

(%)

民族名	1959	1970	1979	1989	1999
ベラルーシ人	81.1	81.0	79.4	77.9	81.2
ロシア人	8.2	10.4	11.9	13.2	11.4
ポーランド人	6.7	4.3	4.2	4.1	3.9
ウクライナ人	1.7	2.1	2.4	2.9	2.4
ユダヤ人	1.9	1.6	1.4	1.1	0.3

(出所)　国勢調査結果．ベラルーシ統計・分析省．

以下で検証するように、この「母語」指標というものが曲者で、必ずしも回答者の実際の言語状況を反映していないという問題がある。とはいえ、この指標は絶対値としては信頼できないまでも、諸民族間の相対比較を行なううえではそれなりに有効であると指摘されている([14]177)。八九年のソ連最後の国勢調査によれば、だいたいどの連邦構成共和国でも、基幹民族(たとえばリトアニア共和国であればリトア

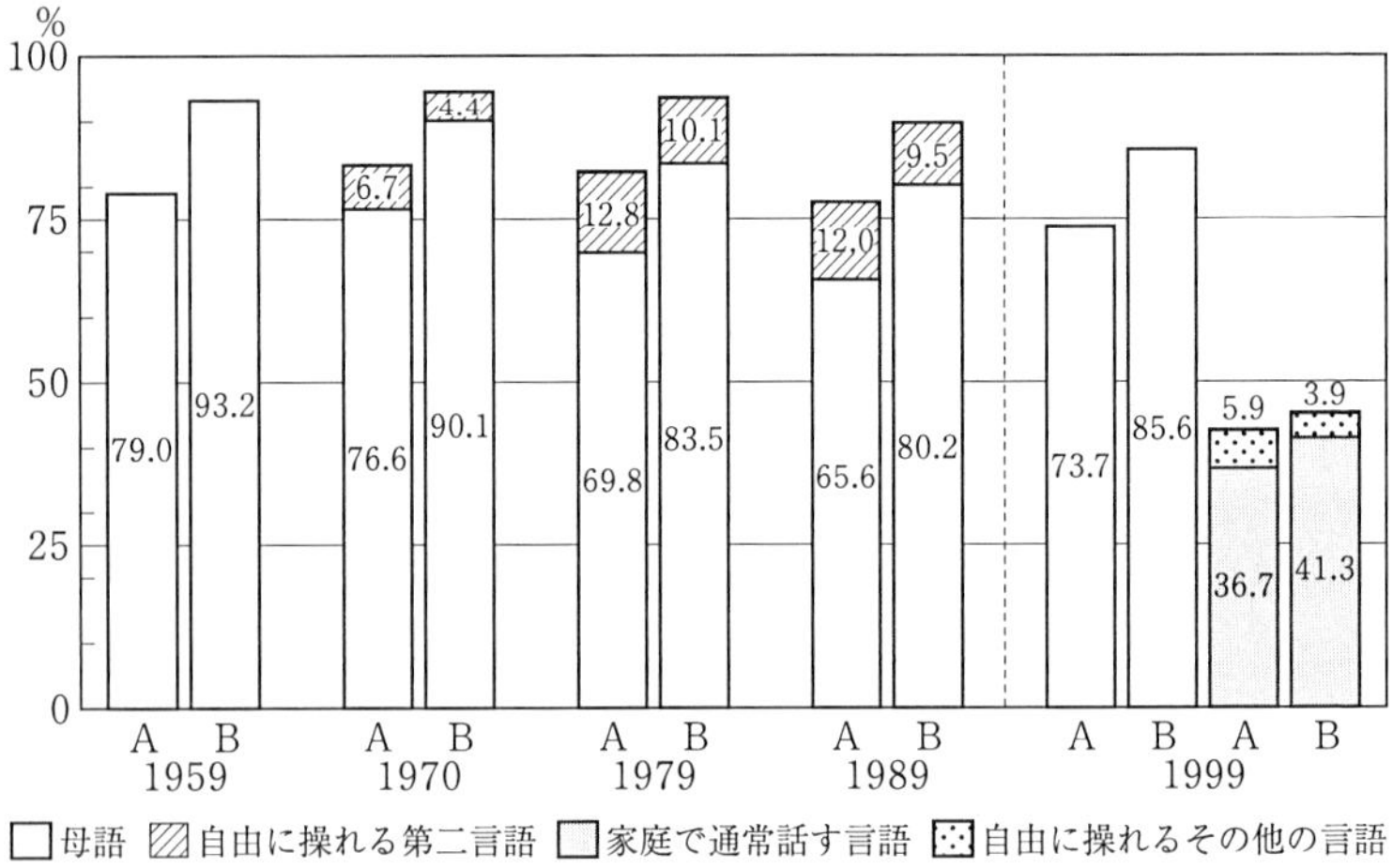

（注） A は全ベラルーシ国民，B は民族的なベラルーシ人に限った数字．
（出所） 国勢調査結果．ソ連統計国家委員会およびベラルーシ統計・分析省．

図1 ベラルーシ国民によるベラルーシ語の位置付けの推移

ニア人）の九割以上は、自民族の言語を母語に挙げている。母語ではないが第二言語として自由に操れるという回答を加えれば、限りなく一〇〇パーセントに近い数字となる。例外は、ベラルーシ共和国に住むベラルーシ人とウクライナ共和国に住むウクライナ人であり（それぞれ九〇パーセントと九五パーセント）、やはり同系統ゆえにロシア語化しやすいことがうかがえる。特にベラルーシは、ロシア共和国内の一連の自治共和国にむしろ状況が近かった（自治共和国は連邦構成共和国よりも格下である）。

虚構だった「母語」指標

一九九九年二月、ベラルーシでは独立後初の国勢調査が実施された。その結果得られた最新の民族構成は、前掲の表1のとおりである。戦後続いてきた流れが逆転し、今回の調査ではベラルーシ人比率が八一パーセントまで盛り返した形になっている。国勢調査における所属民族は自己申告にもとづいている。過去一〇年間で起きた民族構成の変化は、実際に各民族が増減したのもさることながら、主として、「ベラルーシ人」と申告する国民が増えた結果と考えるべきであろう。

九九年国勢調査では、ベラルーシ語を自らの母語と見なす国民の比率も七四パーセントへと拡大し、うち民族的なベラルーシ人の間では八六パーセントにまで戻している(図1)。こうした数字だけを見ると、国の独立をきっかけに、ベラルーシ語の支配的な地位が固まったかのような印象を受ける。しかし、今回の調査結果でむしろ注目したいのは、ソ連時代と設問方式が変わったことにより浮き彫りになった、次のような現実である。

ソ連の国勢調査では、①「何語を母語と見なすか」、②「(母語以外に)自由に操れる第二言語は何か」という設問になっていた(②が加わったのは七〇年から)。この形式は、回答者がある言語を母語に挙げれば、その言語を自由に操れるということを暗黙の前提にしている。当然、ある言語についての①と②のデータを合計したら、その言語を操れる国民の総数が出るはずだ。八九年のベラルーシの場合、国民の六六パーセントがベラルーシ語を母語とし、それ以外に一二パーセントが自由に操れる第二言語としてベラルーシ語を挙げていた。これをごく素直に受け取れば、計七八パーセントがベラルーシ語に堪能という解釈が可能だった。

九九年調査の新機軸は、母語意識に関する設問と、実際の言語使用状況・能力に関する設問を切り離したことである。つまり、ソ連時代同様に①「何語を母語と見なすか」を問いつつ、それとは別立てで、②「家庭で通常話す言語は何か」、③「それ以外に自由に操れる言語は何か」を問うているのである。この形式であるならば、ある言語を自由に操れる国民の総数を得るためには、その言語についての②と③の数値を合計すればいいはずだ。

その結果、興味深い結果が得られた。図1に示したように、通常家庭でベラルーシ語を話しているという国民は三七パーセント、それ以外に自由にベラルーシ語を使えるという国民も六パーセントしかいなかったのである。国民の七四パーセントがベラルーシ語を母語としながら、実際にそれに堪能な者は四三パーセント止まりである。逆に、ロシア語を母語とする者は二四パーセントながら、通常家庭で話している者六三パーセント、それ以外に自由に操れる者一七パーセントで、計八〇パーセントがロシア語に堪能という計算になる。

戦後、国勢調査が実施されるたびに、ベラルーシ語を母語に挙げる国民の比率は低下していった。しかし、その数字から想像されていた以上に、ベラルーシ語はロシア語によって掘り崩されていたということになる。ソ連邦が七〇年ではなく一〇〇年続いていたら、話し言葉としてのベラルーシ語はほぼ完全に絶滅していたに違いない。

ソ連の国民が自民族の固有言語を母語と申告しても、必ずしもその言語に堪能であるとは限らないという現象は、一部の専門家の間ではソ連時代から注目されており、近年は実証研究も出始めていた。とはいえ、その現象が国勢調査のレベルではっきり確認されたのは、ベラルーシが最初のはずである。私は、これこそが今次調査の最大の発見であると考える。

国勢調査結果は大勝利？

ところが、である。私はこの調査結果について、予期せぬ評価に出会った。ベラルーシ語の普及促進に取り組んでいる「ベラルーシ語協会」という民間団体がある。そのトルソフ会長にインタビューしたところ、今回の調査結果は大勝利であったという意外な答えが返ってきたのである。

国勢調査結果は勝利と言い切るベラルーシ語協会のトルソフ会長

ベラルーシ語協会の言い分はこうである。現状では国民が日常会話でロシア語を使ってしまうのは致し方ない。それよりも特筆すべきは母語指標だ。ベラルーシ語を母語に挙げる国民が拡大したことは、数世紀にわたり続いてきたロシア語化に歯止めがかかり、ベラルーシ語化の方向に転じたことを意味しており、国民がそれを欲していることが裏付けられた。国勢調査には国民全員が回答したのだから、その結果は、ロシア語の国家言語化を決めた九五年の国民投票よりも重いはずだ。

私はこの見解を聞いて、強い違和感を覚えた。以下で考察するように、国民がベラルーシ語を母語に挙げること自体には、多くの場合それほどの意味はないと思われるからである。余談ながら、ウクライナのある社会調査機関を訪問した際に、ベラルーシ国勢調査結果＝大勝利という話を披露したところ、失笑を買ってしまった。

「母語」の意味するところ

なぜベラルーシ語を話す習慣も能力もないような人までもが、ベラルーシ語を「母語」に挙げるのか。この素朴な疑問を、ベラルーシ科学アカデミー言語学研究所のポドルジヌイ所長にぶつけたところ、多くの国民は幼少時にはベラルーシ語を話していたのであり、成人したあともその記憶が残っているからこそ、それを母語に挙げるのだとの説明であった。

私見によれば、この見解は説得力を欠き、問題の一部しか説明できていない。戦後にミンスクで生まれてベラルーシ語の環境とは無縁だった者、果てはロシアから移住してきたような非ベラルーシ人ですら、ベラルーシ語を母語に挙げる例が少なくないからである。現に、九二年にゴメリ州で実施された社会調査で、「あなたにとってベラルーシ語とは何か」と尋ねたところ、「自分が子供の頃話していた言葉」といった類の回答はわずかだった。多数を占めたのは、「自分の共和国の言語」「自分の民族の言語」といった、集団的な意識にかかわる回答だ([54]37)。

言語学者のメチコフスカヤは、ベラルーシにおける母語意識と言語使用状況の乖離《かいり》について、ベラルーシ語にあっては言葉本来のコミュニケーション機能よりも「エスニック機能」の方が上回っているからだという解釈を示し、エスニック機能とは民族のシンボルとなり、国民を団結させ、自らを他者と区別する機能であると説明している([67]308)。言語学研究所のルカシャネツ副所長も、現在ベラルーシ語が果たしている役割は民族アイデンティティのシンボルとしてのそれであり、ベラルーシ人はベラルーシ語を母語に挙げることにより、自分を自覚的にまさにベラルーシ人と考えるのだと主張していた。

ベラルーシ語が実用的というよりもシンボルとしての機能を果たしているという分析は、そのとおりであろう。しかし、シンボルということの意味を過大視してはならない。彼らが言語を民族の属性としてあまり重視していないことは、社会学的に裏付けられている([73]19-20, 23-24, 29)。

在日朝鮮人作家の徐京植《ソキョンシク》氏は、在日朝鮮人は母語であったはずの朝鮮語を失った記憶によって「朝鮮人」であり続けているとして、これを「欠落によるアイデンティティ」と呼ぶ([1]182)。ベラルーシの場合それとは対照的で、「アイデンティティの欠落」と言った方が現実に近いであろう。

ソビエト式国勢調査の特徴

実は、ベラルーシ以外の旧ソ連諸国でも、独立後初の国勢調査がこのところ相次いで実施されている。これを受け、ソ連時代の国勢調査の方式と結果を再考し、独立後のそれと対比する研究が出始めている。なかでも私が注目したのが、ウクライナの国勢調査を題材としたドミニク・アレルの論考である([89])。

これによれば、帝政時代からロシアの民族概念は、ドイツ・東欧型のエスノナショナルな性格を帯びていた。このモデルでは言語によって民族が区分され、一八九七年の帝政ロシアによる国勢調査も、回答者の母語を問うことで民族構成を調べようとするものだった。少数民族の言語的な同化を不当と見なし、同化される前の状態こそを本来の姿と考えるのがこのモデルの特徴である。

初期のソビエト政権は、ドイツ・東欧型の民族概念を帝政から引き継ぐ一方、マイノリティにロシア語が押し付けられてきたことを糾弾した。一九二六年に実施されたソ連初の国勢調査では、帝政時代の方式とは異なり、回答者に所属民族と母語とを別個に問うている。しかし、これはあくまでも、ロシア語化にさらされる前の民族構成を明らかにし、各民族がそれぞれの民族語を用いる本来のあるべき姿に戻そうという意図によるものだったという。

ところが、アレルによると、回答者に「母語」を問うという方式が予期せぬ混乱を招いた。ロシア語で母語のことを「ロドノイ・ヤズィーク」というが、「ロード」は「出身」「血縁」などを意味する単語であり、ソ連で当初「民族」を指すのに用いられた「ナロードノスチ」という語もそれから来ている。当時のソ連では、各人はいずれかの民族に属し、各民族は独自の言語をもつということが強調されていた。こうしたことから、言語面の実態を調査するという意図に反して、ほとんどの国民が自民族の言語を母語であると無条件に回答してしまう現象が生じたのだという。

政治利用される国勢調査

さて、ウクライナでは、二〇〇一年一二月に独立後初の国勢調査が実施された。言語に関する調査は、①「母語」、②「あなたの母語がウクライナ語でない場合、ウクライナ語を自由に操れるか」、③「あなたが自由に操れるその他の言語」という三つの質問から構成されている。母語を軸にするこの形式は、ソ連時代のものをほぼ踏襲しており、回答者がウクライナ語を母語に挙げたら当然それを自由に操れるという建前にもとづいている。ベラルーシのように母語とは関係なしに言語の使用状況・能力を問うことは、回避しているわけだ。

今日のウクライナ国家は多民族の政治的国家であることを建前としているが、同時にウクライナ人の民族的独自性を存在理由とする文化的国家への傾斜もあり、ウクライナ語を独立を正統化するシンボルとして位置付けている。国家建設のためには、民族的なウクライナ人が多数派であるだけでなく、ウクライナ語も多数派でなければならない。そこで登場するのが、ソビエト流の「母語」というカテゴリーだ。これにより、国民がロシア語化されている現実があるにしても、自分たちの「本来の」言語はウクライナ語だというコンセンサスを浮かび上がらせることが可能になる。逆説的にもウクライナ国家は、帝政ロシア〜ソ連の思想と方法論に訴えることにより、自らの存在を正当化しようとしているのだ。アレルの議論を要約すると、こんなところになる。

もっとも、古今東西、国勢調査というのは政治利用されるのが常である。時の支配体制の要請に沿って、設問方式や回答の選択肢が恣意的に設定されたりする。そして、そのようにして得られた数字が、「科学」「真実」として扱われるのである。現在、旧ソ連諸国が直面している最大の課題が国民形成・国家建設である以上、ウクライナが現実の言語状況を明らかにするというよりも、国家言語としてのウクライナ語を引き立てるような方式をとったのだとしても、不思議はない（ただし、二〇〇一年のウクライナの国勢調査結果を見ると、ウクライナ語を母語に挙げる国民は前回調査よりもそれほど増えてはいない）。

ベラルーシ語協会は、ロシア語化を推進するルカシェンコ政権が、ロシア語の普及度の高さを強調するために、あえて母語とは別に日常使用言語を回答させたのだと解釈している。欧米の学者にも、そのように勘ぐる向きがあるようだ。私自身は、政権の意図はともかく、ベラルーシの国勢調査の方式は全体として良識的なものであったと考えている。いずれにしても、前述のような背景に照らすと、日常使用言語についてのデータは等閑視し、ひたすら母語指標にすがろうとするベラルーシ語協会の立場も、決して突飛なものではないということが分かる。ウクライナの社会学者も、ベラルーシのことを笑えないはずだ。

第二節　ごちゃ混ぜバイリンガリズム

ロシア語とベラルーシ語の差異

何度か触れてきたように、ロシア語とベラルーシ語は同系統の言語である（ともに東スラヴ諸語に属す）。おそらく読者は、ベラルーシ語というのはどのくらいロシア語と違うのだろうか、多分ロシア語の方言程度のものではないかといぶかっておられるだろう。

むろん、ロシア語のネイティブ・スピーカーにとってみれば、ベラルーシ語は特別な努力をしなくてもだいたい理解できる近い言語である。しかし、私の考えを単刀直入に述べれば、外国人が想像する以上に、ロシア語とベラルーシ語はかなり違っていると思う。私程度の語学力の人間がいきなりベラルーシ語を聞いたら、ほとんど理解できない。テレビでベラルーシ語のニュース番組を見て（ミンスクの日常生活でベラルーシ語を聞く機会はそのくらいしかないわけだが）、何となく分かった

コラム◆どれだけ似てる？　ロシア語とベラルーシ語

ロシア語

Белорусский язык имеет нынче статус языка государственного.

Научиться владеть им—дело чести для каждого жителя нашей республики.

ベラルーシ語

Беларуская мова мае сёння статус мовы дзяржаўнай.

Авалодаць ёю—справа пачэсная для кожнага жыхара нашай рэспублікі.

日本語訳

ベラルーシ語は現在，国家言語というステータスをもっています．
それを習得することは，私たちの共和国のすべての市民にとって，名誉にかかわることです．

(出所)　[70]36.

ような気になるのは、映像や予備知識に助けられているにすぎない。

聞いて理解するのも難しいけれど、ベラルーシ語の文章を読むのも、私などには一苦労だ。字面がロシア語とは随分違うので、それだけでストレスを感じてしまう。同じキリル文字でありながら、文字体系がロシア語とは微妙に異なるうえに、ベラルーシ語ではアクセントのない「o」はすべて「a」で表記されるので、やたらと「a」が多くて調和を欠いている感じを受ける。実際に、辞書を引き引きベラルーシ語を読んでみると、語彙も思いの他ロシア語と異なっているではないか。

コラムのなかに、同じ文意のロシア語とベラルーシ語の例文を挙げておくので、比べてみてほしい。ロシア語の心得がおありでも、このベラルーシ語の文の意味が即座に分かるという方は、まずおられないのではないか(もっとも、ロシア語に加えてウクライナ語やポーランド語もご存知という方であれば、文意をおおよそ理解できるであろう)。

二つのベラルーシ語

実は、ベラルーシ語は本来もっとロシア語と違っていた（ポーランド語寄りだった）のに、スターリン時代の言語政策により、人為的にロシア語に近付けられた経緯があるのだ。一九一八年、ベラルーシ民族運動の活動家だったタラシケヴィチは、『学校のためのベラルーシ語』を上梓した。二〇世紀に入ってようやく独自の言語として認められるようになったベラルーシ語を、正字法および文法面で体系化しようとした初の本格的な試みであった。その後この仕事は、やはり民族運動家で言語学者のリョーシクによって継承される。彼らが確立しようとしたベラルーシ語の体系を、「タラシケヴィツァ」と呼ぶ。

ところが、一九三三年のベラルーシ共和国政府の決定により、ロシア語の規範に近付ける方向でのベラルーシ語改革が断行された。この新しい体系のベラルーシ語を、当時の政府の呼称から「ナルコモフカ」という。ちなみに、ポーランドで活動していたタラシケヴィチは同国の官憲に捕らえられ、政治犯交換でソ連に移送、三八年に処刑された。ミンスクで教鞭をとっていたリョーシクも四〇年に獄死している。

当然、現在に至るまで、当国で一般に使用されてきたのはもっぱらナルコモフカである。つまり、ロシア語が幅を利かせているだけでなく、標準ベラルーシ語自体が少なからずロシア語化されているということだ。

これを認めようとしない在外ディアスポラは、一貫してタラシケヴィツァを使ってきた。ベラルーシ本国でも独立後は、民族主義的な若者の間にこれを好む風潮が広がっている。また、九一年に復活した現代版の『ナーシャ・ニヴァ』紙は、ポリシーとしてタラシケヴィツァを使用している。ただ、それでなくてもベラルーシ語は圧倒的にロシア語に押されているのだから、内輪もめをしている場合ではないという、もっともな意見もある。

線引きは不可能

九九年国勢調査により、当国の言語状況はソ連時代に比べれば大分明確になってきた。とはいえ、この調査もまた、実態を余すところなく伝えるものではない。同じ二言語国家であっても、ベルギーの場合は別系統の二言語によるバイリンガリズムだから、国が言語境界線で二分される形になっている。それに対しベラルーシでは、近親の言語同士のバイリンガリズムゆえに、線引きは不可能であり、ロシア語かベラルーシ語かという二者択一の枠には収まりきらない面がある。

その最たる例は、「トラシャンカ」と呼ばれるロシア語とベラルーシ語のチャンポン言葉が蔓延していることである(ウクライナにも「スルジク」という同様の混成語がある)。つまり、ロシア語を話そうとしているのにベラルーシ語の単語や発音が混じってしまったり、ロシア語の影響を強く受けたベラルーシ語をしゃべったりといったことが起きる。国民の多くは自分がロシア語を話していると考えているが、当地に住んでいる限り、たとえロシア人家庭で育っても、語彙・発音・文法など様々な面でベラルーシ語の影響をまったく受けていないということはまずありえない。純粋なロシア語の話し手は、成人後にロシアからベラルーシに移住してきた者ぐらいではないだろうか。むしろん、ロシア語がベラルーシ語に及ぼしている言語干渉はさらに深甚であろう。

この国ではほぼ全国民が、受動的にであれば、程度に個人差はあれ、ロシア語とベラルーシ語の両方を理解できるはずだ。一人ひとりのなかに、様々な形で二つの言語が混在しているのである。ある人は、農村で育った子供時代はベラルーシ語を話し、現在は都市に出てなまりのあるロシア語を使っているかもしれない。逆に、ロシア語家庭に生まれたのに、九〇年代前半のベラルーシ語教育の洗礼を受け、標準ベラルーシ語で通すようになった若者もいるだろう。職場と家庭で使い分けているケースも考えられる。本書では深入りしないが、これに方言の問題も加わるから、ますます話が込み入ってくる。生活の様々な場面でも二つの言語は入り乱れており、地下鉄のアナウンスはベラルーシ語、バスのそれはロシア語などといったことになっている。道路標識、住所表示の類も、まったく統一性がない。ベルギーのような境界線を引くことは絶対に不可能である。

ウクライナ・ナショナリズムの牙城として知られるリヴィウという街に行った時に、人々が本当にロシア語が不得意そうで、なるほどこれは本物だと得心がいった。ベラルーシでは基本的にそのような体験をすることはない。普段ベラルーシ語だけで話している民族派の人たちとロシア語で会話をすると、彼らが「ロシア語が出てこないっ！」と頭を抱えて苦しむ場面にしばしば出くわす。しかし、私の観察によると、どうも彼らはロシア語がちょっとつかえただけで、そんな自分に酔っているように見える。身悶えしている様子だけを見て、本当にロシア語が不得意なのだと判断しない方がいい。たとえば、日本人が英語を話している時に、目当ての単語がなかなか思い出せなくても、「英語が出てこないっ！」と大仰に頭を抱えたりはしないだろう。別の表現で置き換えたり、適当にごまかしたりするはずである。

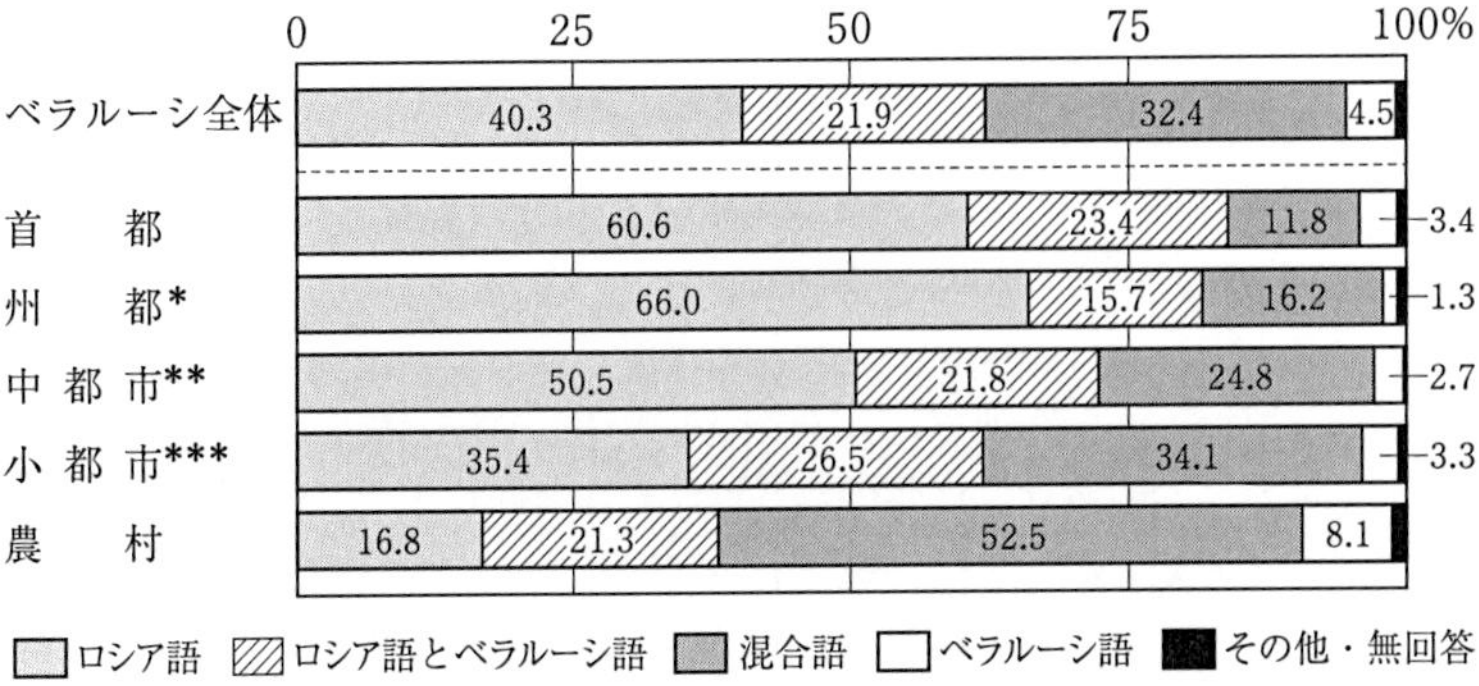

（注）1997年11月から2000年7月にかけての7回の世論調査結果データを集計したもの．＊州都はグロドノ市，ブレスト市，ヴィテプスク市，モギリョフ市，ゴメリ市．＊＊「中都市」は首都および州都を除く人口5万人以上の都市．＊＊＊「小都市」は人口5万人未満の都市．

（出所）IISEPSから入手したデータをもとに筆者作成．

図2　ベラルーシにおける都市・農村別の日常使用言語（民間機関のデータ）

民間機関のデータから見えてくるもの

私はベラルーシの民間シンクタンク「社会・経済・政治独立研究所（IISEPS）」から世論調査結果のデータを直接入手し、回答者の日常使用言語に関するデータを独自に集計した（図2）。それにより、国勢調査ではとらえきれないニュアンスが明らかになるのではないかという期待からである。もっとも、IISEPSのデータもあくまで自己申告にもとづいており、自ずと限界を抱えていることは言うまでもない。また、国勢調査はすべての居住者を対象とするのに対して、IISEPSの調査には一八歳以上の市民だけが回答しているという違いがある。

図2に見るように、国勢調査では三七パーセントが家庭でベラルーシ語を話すと答えているのに対し、IISEPSのデータでは純

表2　ベラルーシにおける都市・農村別の言語状況
(1999年国勢調査)

(%)

	何語を母語と見なしているか		実際の使用状況・能力			
			家庭で通常話している		自由に操れるその他の言語	
	ロシア語	ベラルーシ語	ロシア語	ベラルーシ語	ロシア語	ベラルーシ語
ベラルーシ全体	24.1	73.7	62.8	36.7	17.1	5.9
都市	31.1	66.9	79.8	19.8	10.0	7.4
農村	8.3	89.2	24.5	74.7	33.2	2.7

(出所)　ベラルーシ統計・分析省.

粋なベラルーシ語だけで話しているという回答者は五パーセント弱しかいない。混合語で話している者が三二パーセントに上り、日常的に二言語を話している者も二二パーセントに及んでいる。

全体として、標準ベラルーシ語の地歩は、国勢調査のデータからイメージされるよりもさらに低いということが言えよう。独立後の一〇年あまりで、ベラルーシ語を意識的に話す人々が出てきたことは事実にしても、社会全体に占める比率はわずかである。私自身、ミンスクに三年間住んで、日常生活の場面(買い物、通勤等)でベラルーシ語が話されるのに出会った経験は皆無に近い。

社会層別・地域別の状況

国勢調査およびIISEPSをはじめ各種のデータから見て取れるのは、都市部ではロシア語化が相当程度進展しているのに対し、農村部ではベラルーシ語が比較的保たれているという事実である(図2、表2参照)。また、若い世代ほど日常生活でロシア語を用いる者が多く、熟年・老年層ではベラルーシ語・混合語の比率が高くなる。この章で最初に述べたように、戦後に急激な都市化が進み、それと軌を一にしてロシア語化が進んできたことがその背景にある。ＩＩＳＥＰＳのマナエフ所長は、ベラルーシの現状では言語は民族・文化的ファクターというよりも、社会・人口学的ファクターであると指摘している([64]22)。

ただし、図2からは興味深い傾向も読み取れる。農村→小都市→中都市→州都と居住地の規模が大きくなるほどロシア語化の度合いが高まるが、首都ミンスク市になると若干ベラルーシ語が盛り返す。ミンスクでは無教養の象徴であるトラシャンカの話し手は少なく、意識的に二言語を使い分けている者が若干多くなる。ミンスクの言語文化の水準は他地域に比べ高く、教育で身に付けた標準ベラルーシ語を自覚的に話している者がわずかながら存在していることをうかがわせる。

地域別にしいて分類すれば、ロシア語化が特に進行しているのがブレスト州、ヴィテプスク州、モギリョフ州、ゴメリ州であり、ベラルーシ語が相対的に保たれているのがグロドノ州とミンスク州と言える。とはいえ、ウクライナのような極端な地域格差とは無縁であり、民族語の聖域と呼べる地域も存在しない。

民族語への根強い偏見

それにつけても、ロシア語＝文明、ベラルーシ語＝過去・辺境の遺物というステレオタイプは、独立を獲得した今なお、根強いものがある。現在でもこの国では、ロシア語のことを「正常な言葉」と呼び、自分の言語にベラルーシ語が混ざることを非常に嫌がる人が多い。

こうした風潮の一因として、ロシア語とベラルーシ語の微妙な距離に起因する問題がある。たとえば、ベラルーシ語で「家」のことを「ハタ」という。ロシア語にも「ハタ」という単語はあるが、これは普通の家というよりも「百姓家」「あばら家」の類を指す言葉である。なまじ距離が近いだけに、ベラルーシ語では普通に使われる単語が、ロシア語では卑語や方言に当たるという場合が少なくなく、「ベラルーシ語は卑俗な言葉」というイメージが生じやすい。

また、「村」のことをロシア語では「ジェリェーヴニャ」という。標準ベラルーシ語では「ヴョースカ」である。ところが、ロシアに隣接して言語的にも大きな影響を受けているベラルーシ東部では、「ヅャレーウニャ」という言い方が広まっている(ロシア語の「ジェリェーヴニャ」をベラルーシ語なまりで発音するとこうなる)。こうしたことがまかり通れば、ベラルーシ語はロシア語が汚く歪められたものだという偏見にどうしてもつながってしまう。

もちろん、トラシャンカでなく、標準ベラルーシ語を正しく読み書き話せれば、立派な教養として賞賛される。理想は標準ロシア語と標準ベラルーシ語を使い分けることだろう。しかし、この二つのように近い言葉を完璧に使い分けるのは、不可能に近い芸当だ。言語学研究所のポドルジヌイ所長でさえ、普段はベラルーシ語を話しているらしく、結構ロシア語を間違えておられた。

教育を受けた人にとって、正しいロシア語から逸脱してトラシャンカを話してはいけないという意識は、強迫観念に近いものとなっている。それでも、ロシア語は優勢言語だから、それだけを守り抜こうとしたらできないことはない。逆に、ベラルーシ語にロシア語の語彙や文法が入り込まないようにすることは、話し手にかなりの緊張を強いるようだ。間違えてはいけないという意識が先に立って、言葉から闊達さが失われ、単語や表現が限定されてしまうという。

なぜこんな苦労や緊張を強いられなければならないのか。ロシア語が歪められるような危険を冒してまで、使い道があるかどうかも分からない言葉を習得する必要があるのだろうか。世の中には他にやらなければならないことが一杯あるのに……。実用的な観点だけからすれば、当然このような疑問が生じるだろう。それに対する答えは、「ベラルーシ国民は自分たちのシンボルであるベラルーシ語を知っているべきだから」というもの以外にありえない。つまり、自己目的である。

第三節　当世ベラルーシ言語文化事情

一般教育学校における状況

ベラルーシでは戦後、特に五〇年代末から六〇年代にかけて、学校教育のロシア語化が急激に進展した。科目としてのベラルーシ語も必修でなくなり、ベラルーシ語をまったく学んだことのない国民が増えていった。ソ連末期には、初等・中等教育の「一般教育学校」で学ぶ生徒のうち、民族語たるベラルーシ語で授業を受けている生徒は二割程度に落ち込んでいた。これは、旧ソ連一五共和国のなかで例外的に低い数字であった。しかも、ベラルーシ語学校においてすら、教師や子供が授業外ではロシア語を用いたり、多くの科目が実際にはロシア語で教えられたりといったことがあった。

ペレストロイカを受け、状況は大きく変わる。八九年頃から、ロシア語とベラルーシ語のバイリ

表3　ベラルーシにおける教育言語の推移

（構成比，％）

	1990/91年度	1995/96年度	2000/01年度
一般教育学校			
ベラルーシ語	20.8	34.8	29.0
ロシア語	79.2	65.2	70.9
国立の高等教育機関			
ベラルーシ語	0.4	9.7	4.0
ベラルーシ語とロシア語	0.8	19.5	39.7
ロシア語	98.6	70.8	56.3

（注）ベラルーシの各教育機関に在籍している生徒・学生のうち，ベラルーシ語，ロシア語で授業・講義を受けている者のそれぞれの割合を見たもの．各年度の初頭現在．

（出所）ベラルーシ統計・分析省．

ンガル学校の数が急増していった。なお、バイリンガル学校というのは、一人の子供がロシア語とベラルーシ語の両方で授業を受けるというのではなく（現実問題としてそうなってしまっている学校は多いようだが）、ロシア語学級とベラルーシ語学級が併設されている学校のことである。独立を経て、最もベラルーシ語化が進んだ九四年度（九四年九月に始まる九四／九五教育年度のこと。以下同様）には、全国の生徒の四一パーセントがベラルーシ語学級に属していた。九一年採択の教育法（その後何度か修正）により、一般教育学校のすべての生徒に、科目としてのベラルーシ語とロシア語の履修が義務付けられるようになるという進展もあった。

ところが、九五年五月の国民投票でロシア語の国家言語化が決まり、事態は再び急変する。今や唯一の国家言語でなくなったベラルーシ語を選択する動機付けは乏しくなった。新入生のベラルーシ語学級の開設は減少の一途をたどり、既存のベラルーシ語学級も一部がロシア語に移行した。この再ロシア語化については、父兄の要望にもとづくものであったという評価と、それに名を借りた上からの有無を言わせぬものであったという評価とに分かれており、判断に苦しむところだ。

いずれにせよ、九四年度をピークにベラルーシ語で授業を受ける生徒の数は減少に転じ、ロシア語が盛り返した。新入生に限ると、トレンドがより明瞭になる。九三年度には全国の新入生のうちベラルーシ語学級に入った生徒の比率が七六パーセントに達し、九四年度も七五パーセントを維持していたのに対し、九五年度には一気に三八パーセントに落ち込み、九七年度には二九パーセントにまで低下している（[83]175）。国民投票が決定的な転換点になったことがうかがえる。

最新の二〇〇〇年度には、ベラルーシ語クラスの生徒が全体の二九パーセントを占めている（表3）。うち、新入生のベラルーシ語比率は二五パーセントであった。結局、もともとベラルーシ語が主流だった農村部は別として、都市部ではベラルーシ語による授業がほとんど定着しなかったということになる。現在、都市部でベラルーシ語学級を開設するにはまとまった数の父兄による申請が必要とされているが、一校当たり数人の希望者では不充分であり、市内のそうした生徒を一つの学校に集めてクラスを組織しようにも、通学等の問題もあり難しいようだ。

ベラルーシ語教育を阻むもの

ベラルーシ語が思うように普及しない原因としてしばしば指摘されるのが、学校で（科目としての）ベラルーシ語を教える教師に情熱が欠けているとされる問題である。ベラルーシ語協会のトルソフ会長などは、「ソ連時代に優秀な人材が民族語の教師にならなかった共和国はベラルーシとウクライナだけでした」と嘆いていた。そうした社会的ステータスの低さが尾を引いていることに加え、最近の低賃金や生活難が教師のやる気を削いでいるということらしい。独立後の今日でも、授業外ではロシア語で会話するベラルーシ語教師が多いという話も、よく聞く。

しかし、ベラルーシ語教育の進展を阻んでいるのは、より根深い構造的問題なのではないだろうか。九九年にミンスクの九～一一年生(日本の高校生にほぼ相当)の生徒に、どんな科目をより深く学びたいかを複数回答で尋ねたところ、以下のような結果が得られた(単位はパーセント)。外国語―六六、情報学―五八、数学―五六、物理―三五、化学―二二、生物―二二、歴史―二二、ロシア語―二一、体育―一九、ベラルーシ語―一七、公民―一四、地理―一二、ロシア文学―一二、徴兵前・看護訓練―八、ベラルーシ文学―八、労働実習―七([43]29)。

科目としてのベラルーシ語、文学の地位が低いことは、一目瞭然である。それに加え、至極当然のことながら、この国のティーンたちが現代社会の要請に沿って外国語、コンピュータ、科学といった実学的なものに関心を寄せていることも見逃せない。そして、そうした科目ほどロシア語によるる授業にならざるをえないというジレンマがある。そもそも、各科目の術語体系がベラルーシ語できちんと整備されているか、心もとない面がある。表向きはベラルーシ語学校とされていても、実際には数学や理科系の科目をロシア語で教えているといったことは、今でもよくあるようだ。外国語にしても、ベ・英辞典の類が一般にはまったく手に入らない以上、ベラルーシ語を用いた授業は著しく効率を欠くものになろう。

高等教育機関の場合

かつては一般教育学校にも増して極端にロシア語の独占状態だった高等教育機関(大学など)にお

いても、九〇年代前半には授業のベラルーシ語化が奨励された。しかし、理科系や社会科学系の教官ではベラルーシ語化に対応できない者が多かったようで、彼らの間で反発の声が高まる。九五年の国民投票後は、やはりロシア語が復権する方向にあるようだ。結局のところ、高等教育機関の授業でベラルーシ語が定着しているのは文献学や歴史学などの人文系の講義に限られ、それ以外はほぼ全面的にロシア語に戻っているものと見られる。

それでも、高等教育機関の場合は初等・中等教育のような極端な揺り戻しは起きておらず、ベラルーシ語による授業が一定程度は根付いている（表3）。大学の授業は基本的に教官と学生の自治に委ねられており、彼らのなかには民族語の支持者が少なくないからだと考えられる。

ベラルーシ語協会は、すべての講義および事務処理がベラルーシ語で行われる「ベラルーシ国民大学」の創設を求める署名運動を展開している。彼らの見るところ、両親が子供の教育言語にロシア語を選んでしまうのは、ベラルーシ語で授業が行われる高等教育機関がないことから、ベラルーシ語には将来性がないと見切りを付けてしまうためである。そこで、ベラルーシ語大学を設置することにより、ベラルーシ語を選択するインセンティブをつくろうというわけだ。しかし、この提案に対し、例によって政権当局の反応は冷淡である。

ベラルーシ語作品を読むのは一〇〇人に一人？

書籍の出版状況について論じる前に、現代ベラルーシの文学事情を概観しておこう。当国の文壇では、さすがにベラルーシ語で創作を行う者が多数派のようだ。もっとも、小国ベラルーシで、あまり定着もしていない民族語で作品を発表すれば、最初から読者層は限定されてしまう。そこで、日本でも翻訳が出ているノンフィクション作家のアレクシエヴィチのように、旧ソ連市場全体をターゲットに、もっぱらロシア語で書くベラルーシ人作家もいる。

ベラルーシ文学といえば農村文学という、抜きがたいステレオタイプがある。『ベラルーシ実業新聞』の文化記者として活躍するダネイコ女史などは、次のように毒舌をふるっていた。「多くのベラルーシ人作家は農村出身で、彼らの経歴を読むと決まって、『彼は農民の家庭に生まれ、子供の頃から親の仕事を助け、それが作品のテーマにもなった』と書かれています。自国のことを悪く言いたくはないのですが、こうした文学を読むことは私にとって退屈です。ドストエフスキーやトルストイが達したような崇高さには及びもつかないものです。街に出て通りがかりの人たちに、『ベラルーシ語で文学作品を読んだことがあるか』と尋ねたら、肯定的な返事をするのは一〇〇人に一人くらいしかいません」。

こうした評価に対し、現代版『ナーシャ・ニヴァ』紙のディニコ編集長代行は、近年ベラルーシ語で発表されている小説はもっぱら現代的な都市生活を描いたものだと反論していた。ただ、最近は歴史小説や翻訳ものを除けば、そもそも注目に値するベラルーシ語の文学作品がほとんど出ていないという声もある。ダネイコ発言は少し行き過ぎにせよ、ベラルーシ文学が大多数の国民の関心外であることは否めないようだ。

当国の文壇は、現ルカシェンコ政権にへつらって骨抜きになってしまったものと、体制に批判的であるがゆえに迫害を受けるものとに二分化しつつある印象を拭えない。戦争文学により国民的作家の地位を築き、知識人の精神的支柱となったブイコフ氏などは、晩年亡命生活を余儀なくされていた(二〇〇三年逝去)。総合雑誌や国営出版社で作品を発表することは、多くの作家にとって不可能になりつつあるという指摘もある。

ベラルーシ語書籍は特定分野のみ

さて、ベラルーシでは六〇年代にロシア語書籍の出版がベラルーシ語のそれを数的にしのぐようになった。本の出版点数、発行部数とも、ベラルーシ語よりもロシア語によるものが圧倒的に多いという構図が定着することになる。ベラルーシ語の出版は概ね文芸的なものに限られ、科学、経済、実用書の類でベラルーシ語が用いられることは非常に稀であった。

独立後も、ベラルーシ語が限られた分野でのみ使用されるマイナーな出版言語である状況は変わっていない。この国の書店に行くと、ベラルーシ語の本は文芸ものか、自国についての自己愛的なものばかりという印象をどうしても受ける。九〇年代前半には若干ベラルーシ語化が進んだものの、最近ではロシア語書籍が再び急増しており、独立前よりもかえって格差が広がっている。二〇〇一年の発行総部数を見ると、ロシア語書籍がベラルーシ語のそれの七・五倍に上っている。

ソ連時代には、ロシア語化が進行した反面、ある種のベラルーシ語出版は国による手厚い補助も受けていた。それに対し、今日では本が売れるかどうかは曲がりなりにも需要にかかっており、民族語化政策が挫折した九〇年代半ば以降は、国民のベラルーシ語書籍への関心もいきおい低下しているということのようだ。

もっとも、民族語による出版文化がソ連時代に比べて貧弱になってしまったということではない。百科事典の分野などでは、ベラルーシ語で目を見張るような成果も出ている。特に私が感動したのは、『ベラルーシにおけるカトリック教会堂』『ベラルーシにおける正教教会堂』という双子の事典である([61][62])。この国に現存するすべての教会に関する情報が多くの写真とともに掲載されているだけでなく、破壊されてなくなった教会もフォローされており、第二章を書くうえで随分お世話になった。これらを眺めていると、ベラルーシ国民というのはとてつもなく偉大な国民ではないかと思えてくる。

大統領府機関紙やロシア紙が優勢

新聞の分野に目を転じると、ソ連時代には、新聞の種類ではベラルーシ語のものが多く、総部数ではロシア語の方が多いというパターンがあった。これは、部数の多い全国紙(共和国レベルの新聞)ではロシア語が主流で、小部数の地方紙(州および市町村レベルの新聞)はベラルーシ語のものが多かったからである。九〇年代に入ると、出版の自由化を受けベラルーシ語・ロシア語を問わず新聞の種類は増えたものの、発行総部数は低下した。そして、九〇年代の半ば以降はロシア語の優位が広がり、ベラルーシ語はじり貧になっている。二〇〇一年の総部数では、ロシア語の新聞がベラルーシ語の三・一倍となっている。ちなみに雑誌では三・六倍であった。

今日のベラルーシの新聞・雑誌業界地図を俯瞰すると、その特徴は第一に、政府系新聞の市場占有率が大きいことである。最大部数を誇るのも、大統領府機関紙の『ソビエト白ロシア』だ(使用言語はロシア語)。案外面白い新聞だが、何せタイトルがいただけない。第二に、『論拠と事実』紙のようなロシア系の新聞・雑誌が幅を利かせていることである。主立ったロシア紙は、地元の話題を若干加えたベラルーシ版が当地で発行されている。第三に、娯楽ものや生活情報ものの台頭が著しいことである。

逆に言えば、ベラルーシ独自の本格的な民間言論機関が充分に育っておらず、ベラルーシ語・国民文化の旗手となるべき新聞・雑誌も非力である。そうしたメディアは、政権当局からの圧迫もあって部数が低迷しており、近年は廃刊に追い込まれる例が目立つ。

我々はどうしても、ベラルーシ語でつくられている新聞・雑誌こそ気概のあるメディアで、ロシア語のそれは迎合路線なのだろうという先入観を抱きがちである。だが、当国に限ってはそのような単純な図式は描けない。ベラルーシ語の地歩が弱すぎるため、仮に作り手が国民文化の理解者であっても、自由・独立メディアとして商業ベースでやっていこうとすれば、どうしてもロシア語で出さざるをえないジレンマがあるのだ。逆に、旧態依然たる地方行政府の機関紙などは、部数や採算のことに無頓着でいられるから、何の心配もなくベラルーシ語での発行を続けられる。

ロシア発行の書籍を考慮すべき

以上のように、今日のベラルーシにおいては、ロシア語の出版がベラルーシ語のそれを数的にしのいでいる。すでに述べたように、二〇〇一年の総部数では、本・パンフレットで七・五倍、新聞で三・一倍、雑誌で三・六倍の開きがある。

しかし、このことは、ベラルーシ国民が読んでいるロシア語とベラルーシ語の出版物の比率がそのようなものであるということを意味するわけではない。これはあくまでもベラルーシ国内の出版についてのデータであり、これ以外に本家ロシアからもたらされる膨大なロシア語書籍が存在するからである。印象論だが、ベラルーシの書店で売られている本の半分以上がロシアで出版されたものと言っていいだろう。また、ベラルーシの郵便を通じて購読可能な定期刊行物は三八一九種類だが、うちベラルーシ国内のものは四七三点にすぎず、ロシアのものが実に三一八〇点に上るという。実際にロシア本国の新聞・雑誌をとっているベラルーシ国民がそれほどいるとは思えないものの(前述のように主要紙についてはベラルーシ版が発行されている)、やはりロシアによってもたらされる情報の選択肢は巨大である。

ロシアのテレビ局が席巻

ナショナリズム論の巨匠として知られるベネディクト・アンダーソンは、それぞれのナショナリズムがどのような空間的広がりをもつかは、その時代の技術水準によって規定されるところが大きいと論じている。一八世紀後半の中南米では、新聞の流通する範囲が「国民」の枠組みを決めるうえで決定的な役割を果たした([2]106-111)。我々の時代に、こうした観点から最も重要なメディアがテレビであることは、論をまたないであろう。

調査機関「ノヴァク」が二〇〇〇年夏に実施した調査によると、ベラルーシ国民の視聴しているテレビ放送のチャンネル別シェアは、①ロシア公共テレビ―四六パーセント、②ロシア・テレビ―

二五パーセント、③ベラルーシ・テレビ(BT)一一パーセント、④独立テレビ一〇パーセント、⑤その他一八パーセントとなっている(全国規模のサンプル調査にもとづき、延べの視聴者数・時間を弾き出し、それをもとに各局のシェアを算出したもの。ノヴァクより筆者入手)。上位四局のうち、ベラルーシの独自局は③だけであり、残りはロシア三大ネットだ。モスクワのネット局が八〜九割でローカル局が一割程度という構図は、ロシア国内の地方の状況と変わりあるまい。その後、若干のチャンネルの再編はあったものの、基本構図に変化はないと見ていい。

BTの放送も、すべてがベラルーシ語というわけではない。ソ連時代の八五年には、ベラルーシ語放送は全体の三〇パーセントだった。独立後は若干ベラルーシ語化が進み、九四年の時点で四〇パーセントに達する。だが、その後ベラルーシ語のシェアは急落し、最新の二〇〇一年のデータによれば一五パーセントにまで落ち込んでいる。以上から、ベラルーシ国民が視聴しているテレビ放送のうち、ベラルーシ語によるもののシェアは現時点でせいぜい数パーセントであり、残りは基本的にすべてロシア語であると結論付けざるをえない。

問題は、BTが国民に見向きもされない無用の長物と化してしまっていることである。一般大衆は、退屈で野暮ったい番組、不自然なベラルーシ語の使用などを嫌い、BTに興味を示さない。他方、民族主義的・民主的価値観をもつインテリにとってみれば、言語・文化水準の低さ、現政権にへつらう報道姿勢ゆえ、BTは唾棄すべき存在となっている。

国民文化への貢献乏しい映画

ベラルーシには映画スタジオ「ベラルーシフィルム」があり、往時にはソ連有数の映画制作拠点として稼動していた。しかし、ソ連の映画制作は中央集権的であり、ベラルーシフィルムは単に地理的にベラルーシに所在していただけで、多くのスタッフは他共和国の出身者だった。ベラルーシ語映画の傑作がつくられたのはせいぜい五〇年代までで、六〇年代以降はベラルーシ語映画は実質的に撮られなくなった。ベラルーシフィルムでは八〇年代に年間数本の長編映画を制作していたが、すべてロシア語だった。

独立後は、ベラルーシ語作品は言うに及ばず、ベラルーシフィルムの存立そのものが危機に瀕している。コストの安さを売り物に、ロシアや欧米の監督にスタジオとスタッフを賃貸することで生き長らえているのが実状だ。そうしたなか、ルカシェンコ政権の肝いりで、「国民的映画」という触れ込みの作品が最近二本ほど制作されたが、いずれも知識人たちをあきれさせるような内容であった。

昨今、ベラルーシ国民が映画館、テレビ、ビデオでどんな作品を観ているかといえば、言うまでもなくハリウッド映画であり、また外国産のソープオペラの類である(テレビでソ連映画が再放送されることは頻繁にあるが)。しかも、ロシア語に吹き替えられたものがそのまま垂れ流されているわけで、独自文化の創造をめざす立場からすれば、二重の文化的従属ということになろう。ベラルーシ語協会の下部組織として「ベラルーシ語ビデオ・クラブ」が設けられ、欧米の作品をベラルーシ語に吹き替えて販売する試みを行っているものの、巷にあふれるおびただしい量のロシア語ビデオには太刀打ちできまい。

舞台芸術にも陰り

最新のデータによると、ベラルーシには二七のプロの劇団がある（うちベラルーシ語劇団は九、ベラルーシ語・ロシア語併用の劇団は一〇）。九九年には計六九一九回の公演が行われ、二一八万人を動員した。バレーではそもそも言葉が使用されないという点を差し引く必要はあるが、全体に占めるベラルーシ語演目のシェアは、上演回数の四〇パーセント、観客数の三一パーセントとなっている。ソ連時代に比べると、ベラルーシ語による舞台芸術の裾野は広がっているものの、観客動員数は伸びているとは言えない。

ベラルーシ語演劇の代名詞と呼ばれるクパーラ作「パウリンカ」のカーテンコール

オペラや演劇のような芸術性が高いものほどロシア語が支配的で、ベラルーシ語は主にコメディーや人形劇など娯楽ものや子供向けの出し物で用いられるという傾向がある。前出のディニコ氏などは、これはソ連当局がベラルーシ語を農村的・後進的な地位に押しとどめようとした名残であるとして、憤っていた。

舞台芸術、なかんずく演劇に、ベラルーシ国民文化の核になってほしいと期待する声は多い。しかし、ベラルーシ語演劇の殿堂たる首都ミンスクのクパーラ記念劇場では近年、それほど高くない切符が売れ残ることがままあり、学生や兵士を動員して席を埋めているとも言われている。名演出家のピニギン氏が活動の拠点をロシアに移すなど、人材の流出も頭の痛い問題だ。

一人気を吐くベラルーシ語ロック

ベラルーシで消費されているポピュラー音楽の大半はロシアか欧米のものであり、ベラルーシ独自のアーティストはかなり押されぎみである。しかし、そうした一般的な傾向に反するように、「NRM」に代表されるベラルーシ語ロックが、民族派の若者から熱烈に支持されている。

思うに、ロックは音楽による体制への反抗という側面をもっており、若者というのは自分たちだけが共有できる記号をもちたがるものである(こんなことを言うようになった自分が悲しいが)。ルカシェンコ政権下で閉塞状況に陥り、ロシアの圧倒的な影響下に置かれた国の現状をよしとしない民族主義的若者にとって、ベラルーシ語ロックは一種のアンセムになっているのである。ベラルーシ語が、持ち前のアングラ性(!)ゆえに特定の分野でニッチを確保しているという、希有な一例である。

もっとも、これらのアーティストはミンスク以外ではせいぜい数百人を動員できるにすぎず、メディアへの露出や作品の発表機会も限られており、サブカルチャーの域を出るものではない。

以上見てきたように、今日のベラルーシにおいては、基幹民族の固有言語であるはずのベラルーシ語が劣勢に立たされている。ロシア語化が近代化と軌を一にして進んできたので、社会が成熟し、政治的にもナショナリズムが許容されるようになった八〇年代後半には、すでに国民はあらかたロシア語化され、ベラルーシ語は過去の遺物と化していた。

＊

総じて、ベラルーシ語が直面しているのは典型的な少数派言語の悲哀であり、それ自体はごくありふれた現象だと言っていい。スペインにおけるバスク語をめぐる状況について触れたある論文を読んでいたら、ベラルーシ語の場合とそっくりで、驚いたことがある（[18]）。

ただ、バスク語がカスティーリャ語（スペイン語）と別系統の言語であるのに対し、ベラルーシ語はロシア語に近く、それによる功罪両面が見られる。そして、ベラルーシの場合は、思いもかけず実際に独立国になってしまい、ベラルーシ語がバスク語と同じように廃れてしまっているにもかかわらず、一部の人が民族語に過大な期待をかけている点に特徴がある。

ルカシェンコ政権下の反動にもかかわらず、ソ連時代に比べればベラルーシ語の市民権は総じて高まっている。ベラルーシ語はすでに、国民にとっての一般教養としては定着したと考えていいだろう（日本における古文のようなものか）。国家の独立という現実、九〇年代前半のベラルーシ語化運動は、少数ながら若者を中心に自覚的にベラルーシ語を常用する国民を生み出した。

しかし、全体としてベラルーシ語化は不徹底なままで一頓挫してしまった。ベラルーシ語の母語比率の拡大だけをもって勝利宣言を行うのは、現実主義的な態度ではない。むろん、国民投票による二言語政策の導入が、ロシア語が復権する転換点になったことは事実である。しかし、そうした人為的要因に加え、現在ベラルーシが置かれている環境が民族語の普及・促進にとって必ずしも良好とは言えない点も見逃せない。それは、文化の商業化・大衆化、学校教育における実践志向の高まり、情報化・国際化の進展、社会・経済的困難といった諸条件である。そうした意味ではソ連時代の方が、政治的意志さえあれば、民族語化は容易だった面もある。

現ルカシェンコ政権の言語政策がさらに数年続いたら、初等・中等教育におけるベラルーシ語の生徒の割合は、ソ連時代のレベルに逆戻りする公算が大きい。そうしたなか、九〇年代前半のベラルーシ語化の時代に育まれた、ベラルーシ語ロックを愛する若者たちは、これから本格的に職業や家庭をもつようになる。はたして彼らは民族語のたいまつを灯し続け、それを広げていけるのか。それとも、時代のあだ花に終わるのだろうか。

第4章

◆

さまよえる独立国

1990年代初頭のミンスク中心部における政治集会の様子
© Yuriy IVANOV

第一節　現代ベラルーシ国民の肖像

なぜロシアとの統合を望むのか

ルカシェンコ大統領は、ベラルーシ国民の圧倒的多数は政権による対ロシア統合路線を支持していると繰り返し発言している。「圧倒的多数」かどうかは別として、国民の多数派がその方向性を基本的に是認していることは、紛れもない事実である。言い換えれば、ロシアから離れて独自に欧州連合(EU)に加入することを望む国民は少数派であり、北大西洋条約機構(NATO)加盟に至ってはほぼ論外と受け取られている。

世論調査の結果から、それを確認してみよう。民間シンクタンク「社会・経済・政治独立研究所(IISEPS)」は、世論調査の際に毎回、「どのようなベラルーシ・ロシア関係が最も望ましいか」を回答者に問うている。回答の選択肢は、「二つの国家への統合」「独立国同士の連合」「二つの独立国同士の善隣関係」の三つ。ここではさしあたり、「二つの国家への統合」「独立国同士の連合」と答えた回答者を「統合支持者」と考えることにしよう。過去数年、統合支持者はほぼ一貫して過半数を占めており、しかも拡大傾向にあることが見て取れる。ロシアと他人の関係(二つの独立国同士の善隣関係)でいることを望む有権者は、年ごとに減っている。最新の二〇〇二年一二月の数字は、「二つの国家への統合」が二二パーセント、「独立国同士の連合」が四九パーセント、「二つの独立国同士の善隣関係」が二七パーセントであった。なお、同じく二〇〇二年一二月の調査で、両国の統合に関する国民投票が実施されたらどのように投票するかを尋ねたところ、「統合に賛成する」が五四パーセント、「統合に反対する」が二六パーセントだった([76]2002, No. 4)。

本書の冒頭で掲げた問題提起に戻りたい。国民の八割強が基幹民族たるベラルーシ人によって占められるという「恵まれた」民族構成にもかかわらず、なぜ国民国家の建設ではなく、ロシアとの統合に向かうのか。

ルカシェンコに限らず両国の統合推進派は、「兄弟」である両国民の一体化は自然だとして、民族的な同族意識に訴えるのが常である。確かに、第三章で検証したとおり、ベラルーシ語とロシア語が同系統であるだけでなく、ベラルーシ国民はロシア語化されている。また、ベラルーシで支配的な宗教はロシア正教であり、この面でも隣国の多大な影響下にある。言語と宗教は民族的なアイデンティティの鍵を握る場合が多い。ベラルーシ国民が同族意識ゆえにロシアとの一体化を希求しているというのであれば、合点の行く話ではある。

ロシアではなくソ連

ところが、意外なことに、ベラルーシの社会学者や政治学者は、国民が言語や宗教の同一性といった要因ゆえにロシアとの統合を望んでいるわけではないと主張している。実際、各種の社会調査のデータを調べても、たとえばロシア語を話している国民ほどロシアとの統合を支持するといったような、明確な相関関係は認められない。

それならば、対露統合の動機は何なのだろうか。後述のように、ロシアにおけるエリツィンからプーチンへの政権交代に伴い、ベラルーシ側の統合支持層が若干変化している面もある。とはいえ、ここではさしあたり、エリツィン時代に定着した基本構図について考えることにしよう。

結論から言えば、対露統合支持者の主たる動機はソ連復活願望であるという見解が、現地専門家の間で大勢を占めてきた。その代表格であるIISEPSのマナエフ所長は、対露統合の確信的な支持者が欲しているのは、決して今のロシアではないと論ずる。彼らにとって対露統合とは、ルカシェンコ政権のソ連復古的な政治・経済モデルをロシアに輸出することによる、ソ連邦の再興に他ならない([65]11-12)。

実際、対露統合の確信的な支持者の社会層や価値観を分析すると、概して高齢で、教育水準が低く、主に農村に居住し、計画経済を選好し、権威主義体制を許容し、西側との敵対意識が強いという傾向がくっきりと浮かび上がる。そして、これはルカシェンコ大統領の支持層と完全に重なっていた。ソ連再建を夢見る人々が対露統合を支持し、またルカシェンコを支持するというのが、ベラルーシ世論の基本構図であった([64][65])。

ベラルーシ人は旧ソ連の諸民族のなかで最も典型的・模範的な「ソビエト人」であったというのが定説である。彼らほどソ連で居心地の良さを感じ、それゆえに独立への準備ができていない民族もなかった。ソ連崩壊後のベラルーシに燎原の火のように広がった対露統合待望論は、望まざるソ連からの独立に対する異議申し立てだったのである。

プーチン政権下の変化

その際に、逆説的にも、ロシアの混迷が深まるなかでエリツィンが指導力を発揮できなかったことが、ルカシェンコに有利に働いた。ロシアのテレビばかり観ているベラルーシ国民は、無意識のうちに自国の大統領をロシアのそれと比較している。エリツィンと比べればルカシェンコの方が若く精力的で、これがルカシェンコ人気の一因となっていた。

ところが、プーチン氏の登場(一九九九年八月首相、二〇〇〇年五月大統領)が状況を一変させる。同じように若く精力的であるうえに、ルカシェンコよりも高い知性と風格を漂わせた指導者の誕生だ。ベラルーシ国民の共感は一気にプーチンに傾き、それに伴い対露統合の支持者も増大した。そのあおりを受け、ベラルーシ国民のルカシェンコへの支持には陰りが見え始めた。

従来ベラルーシでは、ロシアの方が民主化・市場化で進んでいるからといって、改革派がロシアを模範視し対露統合を志向するようなことはまずないと考えられていた。前述のように統合を願うのはソ連復古主義者であり、年金生活者や農村居住者などの保守層が支持勢力とされていた。ところが、プーチン登場後はエリートや若者、ビジネスマンなどの一部にも、ルカシェンコ政権下の閉塞状況の打破を願い、それに果たしうる新生ロシアの役割に期待するムードが芽生えてきた。一九九九年頃から統合の支持率がじわじわと拡大してきたのは、こうした原因によると考えられる。

このように、ソ連再興という後ろ向きの意味合いではなく、いわば未来志向の統合論が台頭してきたことは、特筆すべき変化だ。ただ、ようやく市場化・民主化の芽が出てきたのに、それを国民国家の枠組みではなく、ロシアと一体になって推進するという発想が抜けきらない点に、ベラルーシの特異性が表われている。だいたい、隣国に英雄が出ただけで、その国との統合に前向きな世論が簡単に高まってしまうようなことは、他の国ではまず考えられまい。

ベラルーシにおける国民意識のありように、改めて関心が向かう所以である。

現地専門家の死角

すでに述べたように、ベラルーシの対露統合支持者を突き動かしてきた直接的な動機は、必ずしも民族的な同族意識というわけではなかった。ロシアで現実に生じている混迷については否定的に受け止めつつ、それでも同国にかつての超大国の幻影を見て、ソ連再建の第一歩として対露統合を求める。これが、少なくともつい最近までの、統合支持者の心情であった。

ただ、ベラルーシ国内の識者による、民族的な要因が対露統合世論の形成にまったく無関係であるかのような議論はどうだろうか。私は、そうした分析は一面的であり、誤解を招く恐れがあると考える。確かに、ロシア語住民やロシア正教徒ほど対露統合を支持するといった明快な図式は確認できない。しかし、そのことは決して、当国の国民意識やロシア観を考えるうえで、それらの問題を軽視していいということではないはずだ。

もしもベラルーシ国民にとってロシアの言語、宗教、文化等がまったく異質なものであったなら、自然にロシアとの壁ができるだろう。ところが、当地にはロシア語もロシア正教も空気のように存在し、ロシア発の情報や文化が蔓延している。

こうした状況では、ベラルーシ国民がロシア国民を他者ととらえることにはなりにくく、漠然たる同族意識を抱くことになりがちである。その下地があるので、民主的で独立したベラルーシを望み、対露統合に反対している一部の国民層にしても、少数の民族派を除けば、強烈な反露感情を抱くことはまずない。この点で、バルト三国あたりとは事情が異なる。増してや国民の多数派は、対露統合を熱烈に歓迎しないまでも、絶対反対ということにもならないのである。

ＩＩＳＥＰＳの世論調査結果を見ても、両国を一国に統合すべきだという過激な意見の持ち主は少数派だ。より多くの国民は、独立を保持しつつ、「連合」という緩やかな形でロシアと結び付くことを期待している。ルカシェンコはそうした中間派の国民についても、本格的な統合に前向きであると恣意的に解釈し、架空の国民的合意に依拠して統合路線を推進してきた。この国の現状では、中間派はそれを容認するか、沈黙するだけだ。彼らが積極的な統合支持ではないにしても、容ロシアである点が、実は死活的なのである。その土壌をつくっているものこそ、言語、宗教、文化、歴史観といった諸要因なのではないか。

曖昧なアイデンティティ

実際、ベラルーシ民族・国民としての独自のアイデンティティが充分に確立されていないことをうかがわせるデータは、枚挙にいとまがない。

二〇〇〇年にベラルーシ科学アカデミー社会学研究所は、全国的な国民の意識調査を実施した。表1はそのなかの、「あなたが祖国ベラルーシのことを考える時に真っ先に連想されるのは何か」という質問に対する回答をまとめたものである(社会学研究所から筆者入手、以下同様)。「言語」の六位は健闘のような印象も受けるが、ベラルーシ語とは限らない点に注意すべきだろう(前年の同

表1　ベラルーシ国民の「祖国」イメージ

(%)

1.	自分が生まれ育った場所	84.3
2.	家族	41.1
3.	ふるさとの自然	23.0
4.	共和国の土地，領土	20.0
5.	我々が現在住んでいる国家	17.0
6.	言語	16.1
7.	ふるさとの墓	13.8
8.	国民の精神的資質	12.5
9.	過去，歴史	10.6
10.	歌，祝祭日，習慣	10.2
11.	宗教	5.3
12.	偉人	2.6
13.	国旗，国章，国歌	2.3
14.	建築(文化)遺産	0.9
15.	その他	0.9

(注)　ベラルーシ科学アカデミー社会学研究所が2000年9月に全国の16歳以上の国民2,445人を対象に実施した社会調査の結果.「あなたが祖国ベラルーシのことを考える時に真っ先に連想されるのは何か」という質問に対する回答. 該当するものすべてを挙げる複数回答.

(出所)　同研究所から入手した資料をもとに筆者作成.

様の調査では「ベラルーシ語」という選択肢で、その時の数字は九・三パーセントだった）。この他、「歴史」「宗教」「偉人」など、民族・国民意識を育んでくれそうな諸要因が、軒並み下位に沈んでいる。祖国ベラルーシというものに、自分の生まれ育った場所という以上のイメージをもてない者が、非常に多いのだ。

　図1は、同じ社会学研究所による調査で、回答者に様々な属性を示し、それぞれについて、自分が該当するという意識をどの程度もっているかを問うた結果である。ベラルーシ民族・国民というアイデンティティが、「スラヴ人」「ソビエト人」「ロシア人」といった意識に部分的に侵食されていることが見て取れよう。

　二〇〇三年の世論調査では、「ベラルーシ人はロシア人とどこが違うか」という質問が問われている。複数回答であるにもかかわらず、言語―三八パーセント、文化・伝統―三四パーセント、歴史―二六パーセント、メンタリティー―二〇パーセント、外見―三パーセントといずれも控え目な数

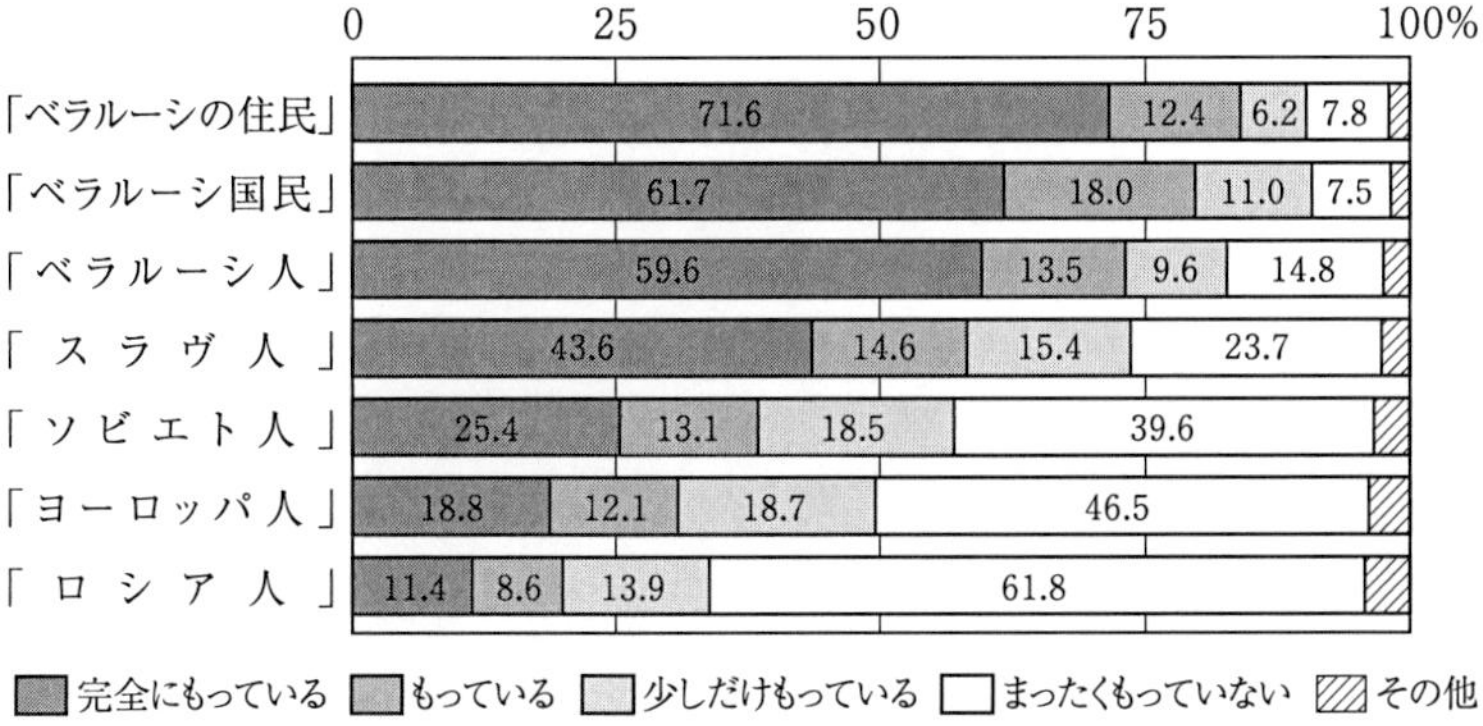

(注)　ベラルーシ科学アカデミー社会学研究所が2000年9月に全国の16歳以上の国民2,445人を対象に実施した社会調査の結果．それぞれの項目について，自分がそれに該当するという意識をどの程度もっているかを回答者に問い，それを集計したもの．

(出所)　同研究所から入手した資料をもとに筆者作成．

図1　ベラルーシ国民の自意識

字にとどまり、「どこも違わない」と答えた回答者が三八パーセントに上った([76]2003, No. 1)。

ただ、難しいのは、ベラルーシ人は現実にロシア人との間で相互に浸透し合っている点である。社会学研究所のデータから私が試算したところ、ベラルーシにおける既婚者の二九パーセントは他民族の異性を伴侶としているという結果が出た。自分がベラルーシ人であっても、配偶者がロシア人であればそれが自意識に影響するだろうし、その子供が混合的アイデンティティをもつようになることは想像に難くない。また、ある国際比較調査によると、ベラルーシ国民の実に六〇パーセントが、近い親戚がロシアにいると答えている。ウクライナ国民の場合当該の数字は五〇パーセント、モルドヴァ国民は三三パーセントであった。この調査では、ロシアに親戚がいる者ほど、自国がロシアと友好関係を保つべきだという考えを強くもつことも裏付けられている([102]192)。

第三章で見たように、国民の七四パーセントがベラルーシ語を「母語」とするという国勢調査の数字は、見かけ倒しのものだった。同様に、国民の八一パーセントが民族的なベラルーシ人によって占められるという数字も、多分に条件付きのものと理解すべきだろう。

現在のところ正教会が優勢

ベラルーシの言語事情については前章で詳しく分析したので、ここでは宗教について調べてみよう。一九九八年にベラルーシ国立大学が実施した全国調査では、国民の宗派別内訳は以下のようになっている(単位はパーセント)。正教―六二・八、カトリック―一〇・〇、キリスト教全般―五・六、プロテスタント―〇・五、各種の東方宗教―〇・五、その他の宗教―〇・二、いかなる宗教にも属さない―二〇・四([75]89)。一方、二〇〇〇年の社会学研究所の調査によれば(単位はパーセント)、正教―七七・五、カトリック―九・〇、プロテスタント―〇・九、ユダヤ教―〇・七、イスラム教―〇・一、その他の宗教―二・〇、無回答―九・八という数字が出ている。

ここで注目すべきは、旧ソ連の多くの国と同じように、今日のベラルーシで宗教は、信仰の問題である以上に、各人の文化的なアイデンティティとかかわっていることである。ベラルーシ国立大の調査によれば、神を信じるという回答者は全体の四八パーセントしかおらず、一三パーセントは信じないと答えている(三一パーセントは分からない、八パーセントは「神は信じないが超自然的な力は信じる」という回答)。それでも、無神論者も含め、回答者の大半が特定の宗派への帰属を申告している。特に正教徒には、有神論者でない者、ほとんど礼拝に通っていない者が目立つ([75]23-25)。常に信仰を伴ってはいないにしても、宗教がアイデンティティと結び付いているとすれば、国民意識の形成に及ぼしている影響も小さくないはずだ。ベラルーシ国民の過半数は、正教への帰属意識をもつことで、ロシア国民と文化的アイデンティティを共有していると言って過言であるまい。

正教会の礼拝は年配の女性が目立つ(スロニム市の神聖三位一体教会堂にて)

この国の正教会は今なお、「モスクワ総主教教会ベラルーシ大主教管轄区域」として、ロシア正教会の支部の地位にとどまっている。礼拝はもっぱらロシア語で行われる。最高位のフィラレト府主教もロシア出身者だ。ルカシェンコ政権は、ロシア正教を公然と国教化しつつある(大統領自身、「正教無神論者」を自認)。

もっとも、現時点の信者数では正教会が優位に立っているものの、趨勢的には他の宗派に押されぎみだ。カトリック教会はポーランドからの、プロテスタント各派は欧米からの物質的支援があり、青年層ではこれらの宗派に乗り換える動きもある。それに比べると、正教会は体質が古いうえに、ロシアにはベラルーシの教会を養うほどの財力はない。正教会が政治的にルカシェンコ政権を支持し、ルカシェンコ政権も正教を後押しするという構図は、両者が守勢に回っていることの表われでもある。二〇〇二年には、伝統的な宗派を優遇する内容の宗教法が成立している。

ベラルーシでも、礼拝にベラルーシ語を用いる民族主義教会を創設しようとする動きが、ないわけではない。すでに「ベラルーシ国民正教会」と称するものが結成されてはいる。しかし、政権当局から団体登録を拒否されるなど、その歩みは平坦でない。もう一つ困難に直面しているのが、民族派のインテリによるユニエイト教会の復活運動である。ハプスブルク帝国領でユニエイトが命脈を保ったウクライナと異なり、ベラルーシでは帝政ロシア時代に消滅してしまったので、ゼロからの再建を余儀なくされている。今日のベラルーシでは、ごく少数のユニエイト信者が、政権当局に迫害されながら、カトリックの施設を間借りして、細々と礼拝を行っているのみだ。

ベラルーシに東西差はあるか

よく知られているように、お隣りのウクライナでは歴史的な経緯から、東西間に甚だしい違いがある。一九九一年末のウクライナ独立をもたらした原動力は、西部のナショナリズムだったと言って差し支えなかろう。

さて、ここでの関心は、今日のベラルーシにもそのような東西差があるか、西ベラルーシが独立護持・改革推進の旗手になれるかということである。二〇世紀の歴史だけを振り返っても、大戦間期に現ベラルーシ領は東西に二分され、東はソ連に、西はポーランドに組み込まれていた。ソ連へと帰属が変った戦後も、西ベラルーシはポーランド系少数民族／カトリック教徒という、ロシア／

ソビエトとは異質な要素を抱え込んだ。こうした背景は、どのような影響を及ぼしているのか。

その際に、まず次のことを踏まえておきたい。現ベラルーシの行政区画で、地理的に西の州といえば、グロドノ州とブレスト州ということになる。しかし、ブレスト州はポーランドに隣接していながら、案外ポーランド／カトリック要因が希薄な土地柄である。ブレスト州よりはまだ、ミンスク州の西部・北部や、ヴィテプスク州の西部の方がその要因が強いと言える。結局、典型的な、純度の高い西ベラルーシと位置付けられる地域は、グロドノ州一つしかない。当国のポーランド系住民の四分の三がグロドノ州に集中しており、同州の人口の二五パーセントがポーランド系によって占められている。

さて、人情の常として、ベラルーシの地方の人たちにしても、それぞれに自分の土地を自慢したがる。西が東西差を強調して、自分たちの方が先進的だと主張すれば、東の人々も、うちも捨てたものではないと反論する。私がインタビューした人のなかから、双方の声を聞いてみよう。

まず、西の代表として、統一市民党グロドノ州支部のオシポワ元支部長。「西ベラルーシには数百年にわたりロシアとは違う文化があったのです。ソ連への編入も遅れました。当地では、人々が市場経済の必要性を早く悟りました。柔軟なヨーロッパ的思考の市民が住んでおり、東と比べればまるで違う国です」。

東を代表して、モギリョフの民主活動家、シヴハ氏の意見はこうだ。「私は少々誇張ぎみに、『西ベラルーシ』というものは存在しないと常々言っています。ブレスト、グロドノといった西部の街も戦後徹底的にロシア化され、ソ連的価値観をもった人々が移り住みました。意外にも、モギリョフのような東の街の方が政治色が濃い面があります。ウクライナで西部が国を引っ張っているのに対し、ベラルーシでは反対で、西は受け身なのです。彼らは、どうせこの国では良いことがないのだから、ポーランドとの国境貿易などで小金が稼げればそれでいいという考えです」。

どちらの言い分ももっともである。ベラルーシの東西差は、あるといえばあるし、ないといえばない。ただ私個人としては、東西差はないと言った方が現実に近いのではないかと考えている。

ウクライナでは、重要な争点について、東と西で正反対の数字が出てしまうということすらある。それに対し、ベラルーシの場合は、各種の投票結果や世論調査結果を見ても、東西の差はごくわずかだ。たとえば、九四年大統領選の決選におけるケビッチ首相とルカシェンコ氏の得票率（パーセント）は、西のグロドノ州では一三対八一、東のモギリョフ州では一二対八五だった。九五年の国民投票も同様であり、ロシア語の国家言語化に関する設問での賛否（パーセント）を比べると、グロドノ州では七五対二〇、モギリョフ州では九〇対六だった。

「ポーランド人」って何？

さて、九九年国勢調査によれば、ベラルーシには約四〇万人のポーランド系少数民族が居住しており、これは総人口の三・九パーセントに相当する。他方、各種の社会調査結果を見ると、人口に占めるカトリック教徒の割合はだいたい一割であり、一〇〇万人程度と推定される。カトリックのうちポーランド系が約四割という計算になる。

ところが、九九年国勢調査からは、不可解な現象が浮かび上がる。ポーランド系住民のうち、ポーランド語を「母語」に挙げる者は一七パーセントにすぎず、六七パーセントがベラルーシ語を母語としている。しかも、ベラルーシ語を通常家庭で話している者が五八パーセント、それ以外に自由に操れるという者が八パーセントに及ぶ。第三章で確認したとおり、民族的なベラルーシ人の間ではそれぞれ四一パーセントと四パーセントであった。つまり、これらの数字を信頼する限り、ベラルーシ人よりもポーランド人の方がベラルーシ語を話しているということになるのだ。

グロドノにある「ポーランド人連合」の本部　正面の胸像はミツキェヴィチ

　これについて、当国の識者の間では次のような見解が支配的だ。すなわち、「ポーランド人」を自称している人たちは、実際にはほとんどが民族的にベラルーシ人であり、カトリックであるがゆえに「ポーランド人」という意識をもっているにすぎない、というのである。

　言語学研究所のポドルジヌイ、ルカシャネツ両氏は、次のように解説してくれた。いわく、ポーランド人と申告している人の多くが実際にはベラルーシ人であり、彼らが主として農村居住者である以上、当然のことながらその言葉は地元のベラルーシ語方言である。正教の村とカトリックの村が隣り合っているような場合には、ベラルーシ人同士が同じ言葉で交流しているわけであり、基本的に自分たちがベラルーシ人であることは承知している。ただ、宗教的帰属意識が前面に出ると、正教徒が「ロシア人」と、カトリックが「ポーランド人」と名乗るという現象が起きる。

むろん、ポーランド系住民を束ねる「在ベラルーシ・ポーランド人連合」は、こうした見解を認めない。彼らによれば、ポーランド人四〇万人という数字はむしろ過少評価されている。連合のクルチコフスキ議長は私とのインタビューで、おそらくカトリックはベラルーシの人口の一〇〜一五パーセントで、その八〜九割がポーランド人であろうと語っていた。つまり、ポーランド人は一〇〇万人前後ということになる。

クルチコフスキ議長によると、現ベラルーシ領の北西部は、伝統的にカトリックの土地で、その住民はずっとポーランド人であった。かつてのポーランド支配下でも、ベラルーシの庶民はカトリックに改宗しなかったので、そもそもカトリックのベラルーシ人というのはほとんど存在しない。今日、ポーランド系住民の言語が国勢調査でベラルーシ語と記録されてしまうのは、調査員が自分の先入観で勝手にそう記入しているだけだ。以上が、議長の説明であった。

ポーランド人の数が過大評価されているのか、はたまた過少評価されているのか、私には判断できない。しかも、リトアニア人に言わせれば、当該地域はもともとリトアニア語圏だったということになるだろうから、ますます話が複雑になる。このような論争に科学的な意味があるのかということ自体、微妙に思える。

ただ、個人的には、ベラルーシ人でもカトリックであるがゆえに「ポーランド人」という自意識をもつという説明には、それなりに説得力があると考えている。少し視点を変えて、ポーランドのベラルーシ系住民の事例を考えてみると、なるほどと思われるところがある。同国の東端にビャウィストクという街があり、ここでは二八万人の人口のおよそ三分の一がベラルーシ系少数民族となっている。私がこの街に行って驚いたのは、ベラルーシ系住民が基本的にすべて正教徒であり、正教徒＝ベラルーシ人という等式すら成立していたことだ。本国のベラルーシ人にも正教徒とカトリックの両方がいるのだから、ポーランド在住者には後者が多いのではと予想していたが、とんだ見当違いだった。考えてみれば、カトリックのベラルーシ人がいたとしても(クルチコフスキ議長はそもそもいないと言っているわけだが)、ポーランド人のなかで数世代を経れば、同化してしまうだろう。信教の違いというバリアを備えた住民だけが、「ベラルーシ人」として残ったのに違いあるまい。ベラルーシ人のように、近隣諸民族との人類学的、言語的境界が曖昧だと、結局は宗教が自意識の決め手になるという好例ではないか。

ポーランド／カトリックは諸刃の剣

ベラルーシ・ナショナリズムの立場から問題視されているのが、この国のカトリック教会においてポーランドの影響が強すぎることである。礼拝ではポーランド語が主流だし、一九九七年の時点で二〇六人いたカトリック聖職者のうち、ベラルーシ市民は六二名にすぎず、ポーランド市民が一二六名に上っていた([71]329-330)。

実は、この国のカトリックは今、事実上の分裂状態にある。一九九一年の独立後、もともとカトリックが盛んだったグロドノ州だけでなく、ミンスクや東部の州でも教区が設置されるようになった。それは当時のナショナリズムの芽生えと連動していたので、中部・東部の教区では礼拝にベラルーシ語が採用され、愛国的な若者を引き付けた。このベラルーシ民族派の潮流が、西部のポーランド派と水面下で対立していると指摘されているのだ([71]326[75]10-11)。現在のところ、数のうえではポーランド派が優勢を保っている。

すでに言及したポーランド人連合は、当国における最も有力なマイノリティ団体であり、往時には民主勢力の一翼を担っていた。しかし、彼らの自己主張はベラルーシ・ナショナリズムと競合する面があるので、連合は当初からベラルーシ民族派とは折り合いが良くなかった。二〇〇〇年にクルチコフスキ現議長が就任すると、連合はルカシェンコ政権との協調路線を打ち出し、ベラルーシ人の民主派・民族派との対立が公然化しつつある。ポーランド人が概してベラルーシ独自の民族理念をあまり尊重しようとしないことも、両者の関係をこじらす一因となっている。

確かに、ポーランド人とベラルーシ・ナショナリズムは、ロシア要因に対抗する点においては共闘関係にある。現に、ポーランド系住民が多いために、人口に占めるベラルーシ人の比率が六二パーセントと全国で最も低くなっているグロドノ州が、ベラルーシ・ナショナリズムの最後の砦になっている。しかし、既述のような諸問題にかんがみると、ポーランド／カトリック要因がベラルーシ・ナショナリズムの結晶化を促す保証はない。カトリックゆえに「ポーランド人」という自意識をもってしまうことなど、それを攪乱している面もある。これも、西ベラルーシが国を牽引していけない根本的な原因の一つだろう。

首都、エリートの劣位

碩学として知られるロシアのフルマン氏は、一九九八年に発表した論文のなかで、ロシア、ウクライナ、ベラルーシの三国でそれぞれ機能している政治力学に関する比較を試みている。ウクライナについての分析が若干古くなっている感もあるが、興味深い考察なので、簡単に紹介しよう。

これによれば、ロシアは首都による支配、エリートによる大衆支配である。中央のエリートが常に国全体をコントロールし、ソビエト体制からの脱却を主導してきた。エリートは多数派ではないものの、中央の権威と各種の資源を駆使して、主導権を握り続けている。

ウクライナの場合は、首都と地方という垂直的な形ではなく、エリートも大衆も文化的に東西に分裂しており、水平の対立が基軸となる。首都のキエフは地理的、イデオロギー的に中間に位置し、東西による首都争奪という形で権力闘争が繰り広げられる。

これに対しベラルーシでは、東西の対立軸はあるにしても二次的で、ロシアと同じく首都のエリートが地方／庶民と対峙するのが基本構図である。ただし、ミンスクの権威が低く（国民にとってのより自然な中央はモスクワ）、国を方向付けるパワーに欠けている。ミンスクはロシア化された街なので、民主派の拠点にはなっても、西ベラルーシの民族主義との相克も生じる。首都の力不足ゆえ、ロシアとは逆に周縁の庶民がエリートを屈服させる危険があり、しかも西が傍流なので、天下をとるのは東ということにならざるをえない。九四年大統領選で起きた「有権者蜂起」が、まさにそれだ。モギリョフ州の農場支配人上がりのルカシェンコが、大衆迎合的・反エリート的な言辞に訴え、大本命のケビッチ首相を撃破してしまったのである(［86］)。

そう言われて考えてみると、ミンスクは一〇〇〇年近い歴史がある古い街ながら、ベラルーシの中心都市という地位を不動にしたのは、ようやく戦後になってからだ。現時点での人口が膨れ上がっていても、首都の威光ということでいえば、モスクワやキエフには歯が立たない。見方を変えれば、ベラルーシでは由緒のある古都が成長し、それが国民形成の核になるということがなかった。ポロツクはうらぶれたソビエト地方都市に、トゥーロフは寒村に、ノヴォグルドクは廃墟になってしまった。唯一輝きを失わなかったヴィルニュスは、気付いた時にはもうベラルーシ人の手をすり抜け、リトアニアのものになっていた。

ルカシェンコ大統領は、モギリョフ州ゴルキ市に所在するベラルーシ農業アカデミーを修了している。実は、辺地にあるこの農業専門家養成所が、ベラルーシ政界の有力者を多数輩出しているのである。前出のシヴハ氏はこの農業アカデミーを、冗談めかして「ベラルーシのケンブリッジ」と呼んでいたが、これは東部出身の庶民が国を牛耳っている現状を見事に言い当てている。

第二節　ベラルーシ・ナショナリズムの蹉跌

ロシア語を話すベラルーシ・ナショナリズム

前節で述べたように、ロシアとの統合を強く望むベラルーシ国民を動かしている動機は、必ずしも言語や宗教といった要因ではない。それらは、動機というよりは、前提条件というべきものであ

表2　ベラルーシ国民の使用言語別の対ロシア統合への態度

（構成比，%）

	全回答者	日常主に使用している言語			
		ベラルーシ語	混合語	ロシア語とベラルーシ語	ロシア語
二つの独立国同士の善隣関係	42.4	32.3	39.0	44.0	44.8
独立国同士の連合	33.4	34.5	33.5	34.2	32.9
一つの国家への統合	21.8	31.5	25.6	18.7	19.7
その他・無回答	2.4	1.7	1.9	3.1	2.6

（注）　1999年11月のIISEPSの世論調査結果.「どのようなベラルーシ・ロシア関係が最も望ましいか」という質問に対する回答.

（出所）　IISEPSから入手したデータをもとに筆者作成.

る。現に、ロシア語を話している者ほど対露統合を支持するという明確な相関は描けない。

実は、それだけではないのだ。表2は、IISEPSの世論調査で、「どのようなベラルーシ・ロシア関係が最も望ましいか」という質問に対する答えを、回答者の日常使用言語別に見たものである。驚くべきことに、回答者のロシア語度が高いほど対露統合に乗り気でないという傾向が、くっきりと浮かび上がっている。ロシアと一つ屋根の下で暮らしたいという向きは、ベラルーシ語住民のなかにこそ多い。ウクライナのように、民族語の話し手ほど独立の気概が高いというパターンは、このデータからは読み取れない。一体この矛盾は、何によって説明されるのか。

ここで、ベラルーシの現状において言語は、民族・文化的ファクターというよりも社会・人口学的ファクターであるという、マナエフ所長の持論を思い出していただきたい。ベラルーシ語話者の特徴は、高齢、農村居住、低学歴、低所得である。こうした住民は非常に保守的で、ソ連的な生活様式に慣れきっており、ソ連再興を願うがゆえにロシアとの統合を支持する([64]22)。

これに対し、ミンスクをはじめとする大都市は完全にロシア語社会になっており、民族語の伝統は失われている。だが、知識水準が高く活力があるのもまた大都市だ。それゆえ、ソ連復古路線に異を唱え、民主的で独立したベラルーシを擁護する市民も大都市に多い。ドラコフルストという論客は、ずばり「ベラルーシ・ナショナリズムはロシア語を話す」と唱える([76]1998, No. 1)。

むろん、民族主義的な信条ゆえにもっぱらベラルーシ語を用いる人たちも存在する。オピニオンリーダーに多いので、脚光を浴びやすい。しかし、国全体の規模で見れば、ベラルーシ語を話すベラルーシ・ナショナリストというのは、統計的には無視していいほどの一握りの存在である。

ベラルーシ語は、都市における話し言葉としては、ソ連末期までにいったんほぼ絶滅している。この国では、民族の歴史的な記憶が親から子へと語り継がれるということも稀だろう。民族意識を自然に植え付けてくれるような史跡や文化財が乏しいし、それに触れる機会も少ない。こうした無い無い尽くしの状況で、それでも民族的な価値観に目覚めるのは、自分で本などを読んで勉強し、それに感化されるだけの感受性を備えた者に限られる。そういう感性をもった人は、たとえば学校の一つのクラスのなかに、そう何人もいるものではあるまい。

いきおい、ベラルーシ語を話すベラルーシ・ナショナリズムというのは、文芸的、ロマン主義的な性格が強く、私はこれを「文学青年ナショナリズム」と呼んでいる。悩み多く、自意識過剰で、ちょっと顔色がすぐれない。そんなナショナリズムなのである。実際、ベラルーシ語協会の書籍売場を覗いてみれば、たむろしているのはそのような若者ばかりである。

再興か、死か

ベラルーシ共和国最高会議が一九九〇年七月二七日に採択した「国家主権宣言」を現時点で読み返してみると、この国としては相当大胆に民族主義的主張を打ち出しており、今となっては隔世の感がある。特に、第一条において、ベラルーシ民族の自決権、ベラルーシ語の国家言語としてのステータスを高らかにうたっていることが目を引く（[60]636-639）。

その採択に尽力したのが、八九年に結成された民族派団体「ベラルーシ人民戦線」であった。リーダーは、序章で紹介した「クロパティ」の発見者であるポズニャク氏である。人民戦線が最高会議で占めていた議席は一割程度にすぎなかったものの、彼らの士気は際立っていた。多数派の体制派議員も保身のため、人民戦線が主導するままに、当時の時流になびいていった。

ベラルーシ人民戦線の
ポズニャク氏
© Yuriy IVANOV

人民戦線の政策綱領には、今日のベラルーシ人は単に「住民」にすぎず、我々が政権に就いたらまず彼らを民族意識をもった真の「国民（ナロード）」に変革するのだと書かれていた。その際に、「言語なくして国民なし」というポズニャク発言に象徴されるように([77]51)、人民戦線が最重要視したのがベラルーシ語の地位確立であった。そして、「国民」が形成されれば、民主化や市場経済化などの諸課題も自ずと解決されるというのが、彼らの立場だったのである。

序章で述べたように、ベラルーシの周辺諸国では、民族的なアイデンティティの強い者ほど民主的な価値観をもつという傾向が、確かに認められる。ベラルーシの混迷を、民族意識の弱さによって説明することも可能だろう。だからといって、「住民」にベラルーシ語を無理矢理にでもしゃべらせれば、それで「国民」に脱皮させられるかのような発想は、いかにも無謀であった。

ポズニャクは九四年一月に「ロシア帝国主義とその危険について」と題する論文を発表する([80])。彼はこのなかで、我々はロシアという邪悪な帝国とは絶縁し、バルト三国のようにヨーロッパへの道を歩むべきだと主張した。そのうえで、次のように陰鬱なテーゼを綴っている。

我が民族の病は深く重い。事態に関する自覚が遅れ、治癒の過程は緩慢で困難である。しかし、民族が歴史的な無から発展していくうえで、再興以外の方法はないのであり、この過程は不可逆なものだ。再興か、死かだ。……国民の存続、民族の運命の場合、第三の道はないのだ、諸君。それを探すこともやめたまえ。

政治家の発言というよりは、カルト教団の教祖が唱える終末論の趣きがある。なるほど、ポズニャクはとりたてて新奇なことを述べたのではなく、エスノナショナリズムの常套句をなぞっただけだったとも言える。しかし、民族主義へのアレルギー体質があり、国民の大多数がロシアへの親近感を抱いているこの国で、あまりにむき出しの反ロシア的言説は、人々の拒絶反応を招いた。この論文は現在に至るまで、政敵がポズニャクらの民族主義者を攻撃する際にやり玉に挙げるところとなっている。「お前は人民戦線の味方か！」というのが、この国の最もひどい罵り言葉になった。

救命ボートとしてのベラルーシ

表2で見たように、現実には独立ベラルーシの有力な支持基盤は、ベラルーシ語住民よりはロシア語住民である。一般民衆だけでなく、エリート層にも、ロシア語を話していながら、さらには民族的にロシア人でありながら、独立ベラルーシのために奮闘している人は、ざらにいる。

ロシア系の人たちが対露統合を拒絶し、ベラルーシ独立の闘士になることもあるというのは、少し不思議ではある。だが、ソ連解体後のロシアがどれだけの混乱に見舞われてきたかを思い起こせば、それも納得されよう。ロシアは沈みゆく大型船のように受け止められた。それに比べれば、ベラルーシは国の規模が小さいだけに、制御がたやすいというイメージがある。地理的に近いこともあり、欧州統合への参加も可能かもしれない。つまり、進歩的な価値観をもつベラルーシ国民は、民族や言語を問わず、沈没するロシアから脱出するための「救命ボート」として、ベラルーシの独立を擁護してきたのだ。客観的に考えて、これこそが独立国家の最大の拠り所だった。

やや脱線になるが、ロシア系の人々がベラルーシ国民というアイデンティティをもつだけでなく、自ら民族的にベラルーシ人に同化しようとすることも、決して珍しくない。私の知り合ったある歴史家などは、ロシア出身の生粋のロシア人なのに、ポリシーとしてベラルーシ語を話し、果てはユニエイトに改宗して、その民族主義的な言動ゆえに教職から追放されてしまった。

九〇年代半ばの国際比較調査でも、ベラルーシに居住するロシア系住民が、単にベラルーシ国民という意識をもつだけでなく、民族的にも自分をベラルーシ人と同一視しやすいことが示されている。他の旧ソ連諸国に住むロシア系住民と比べて、その傾向は歴然だ([96]61-62)。もっともこれは痛し痒しで、ロシア人はベラルーシ民族の独自性をあまり認めず、ロシア文明の一つのバリエーションと見なしているということでもあるのだが。

きしむ「民主」と「民族」

このような一筋縄では行かない現実があるにもかかわらず、人民戦線はベラルーシ語住民こそ自由・独立ベラルーシの担い手であると唱え、ロシア語話者はロシアの回し者であるかのような偏見を振りかざした。それでなくても弱体な民主・独立勢力に、亀裂が生じることになる。周辺諸国でナショナリズムが民主化にパワーを注入したのに対し、ベラルーシでは「民主」と「民族」が足を引っ張り合ってしまったのである。

九四年大統領選でルカシェンコの当選を許した一因も、そこにあった。第一回投票における主要候補の得票を見ると、ポピュリストのルカシェンコが四五パーセント、ケビッチ首相が一七パーセント、民族派のポズニャクが一三パーセント、民主派のシュシケヴィチが一〇パーセントだった。意気消沈した民主派の有権者が棄権したこともあって、上位二名による決選では、ルカシェンコが八〇パーセントを得票し圧勝する。あくまでも後知恵ながら、民主派も民族派も、真の敵を見誤っていたと言わざるをえない。

「民主」と「民族」のジレンマは、最近ではより病的な形で顕在化している。前述のように、プーチン大統領の登場により、以前は警戒感を抱いていたリベラル派のベラルーシ市民の間でも、ロシアとの協調に前向きな空気が広がっている。一部の民族派はそうした風潮を危険視し、「ロシアのなかでの民主主義よりも、独立ベラルーシにおける独裁の方がまし」という立場を掲げるようになっているとされる([66]20)。

ナショナリズム論の系譜

欧米のナショナリズム論では伝統的に、民族／国民を二つのタイプに分類する二元論が唱えられてきた(むろん現実世界では混合しているのが普通)。一つは、西欧に典型的に見られるような、政治的・市民的な帰属にもとづくもの。もう一つは、父祖伝来の言語・文化に依拠し、あたかも全成員が血縁で結ばれているかのようなイメージに訴えるエスノナショナリズムである。代表的な理論家であるアントニー・スミスは、前者を「市民的・領域的モデル」、後者を「エスニック・モデル」と呼び、東欧とアジアをエスニック・モデルの典型地域としている([15]30-41)。

一方、ベネディクト・アンダーソンが有名な『想像の共同体』([2])のなかで示しているナショナリズムの分類は、より細かいものであり、伝統的な二元論には収まりきらない。しかしながら、一九世紀にヨーロッパで生じた潮流、彼の言う「俗語ナショナリズム」(民衆の話し言葉を基盤に民族を形成しようとする運動)が、スミスのエスニック・モデルと同様のエスノナショナリズムの系譜に連なることは間違いないだろう。

エスノナショナリズムは、「原初主義」的な民族観にもとづいたものと言える。つまり、太古の昔から連綿と受け継がれてきたと考えられる言語、習慣、血縁といった共通性に、民族の存在理由を求めようとする立場である。その対極にあるのが「構成主義」であり、民族はシンボル操作などにより後天的に構築されるものという立場である。アンダーソンの場合は、著作の標題からうかがえるように、俗語ナショナリズムについても構成主義的な側面を強調しているのが特徴的だ。

欠けていた柔軟性

さて、これまで述べてきたことから、ベラルーシにはエスノナショナリズムを貫徹する条件が乏しいことは明白であろう。独立・民主主義の主たる支持層がロシア語住民であることにかんがみれば、市民的モデルに軸足を置くのがより現実的なアプローチだったはずだ。

しかるに、人民戦線はロシア語住民を敵視し、それでなくても劣勢な民主・独立勢力を分裂させた。過激な言説により国民をおののかせ、かえってひどい反動を招く形となった。国民理念のあり方に関する認識が稚拙だったと言わざるをえない。

むろん、言語・文化運動を放棄すべきだということではない。また、市民型でやったら万事うまく行ったはずだなどと考えるのも幻想だろう。この国の場合、どのみち対露統合を待望する声は大きかっただろうし、改革は難航したろう。ベラルーシ国民の政治的・市民的な権利意識は希薄で、経済的・社会的権利、もっと言えば買い物、住宅、自家菜園での野良仕事といった事柄にしか興味を示さない傾向がある。市民型の成功もまた、保証はされていない。

いずれにせよ肝心なのは、ナショナリズムの多様なアプローチを認め、国の現実に即して、柔軟でバランスのとれた取り組みを行うことだ。庶民にとって身近な問題の解決は、結局は独立と改革の正否にかかっているということを粘り強く訴え、市民的国家としてのベラルーシに関する国民的合意を達成する。民族文化・言語は、国民の意向に配慮しながら、長期的に推進していく。これこそが、ベラルーシの歩むべき道だったのではないか。「住民」にベラルーシ語を強いて「国民」にすれば事足りるなどという発想は論外である。

本当は例外ではないベラルーシ

考えてみれば、「ロシア語を話すベラルーシ・ナショナリズム」というのは、世界的には決して珍しい現象ではない。アンダーソンも挙げているように、ヴェトナムにおいてフランス語を話すこと、モザンビークにおいてポルトガル語を話すことは、愛国心と何ら矛盾するものではない。それどころか、植民地の解放運動を担うのは往々にして、教育を通じて支配者の言語を身に付けた現地のインテリ青年である([2]188-230)。

アンダーソンの分類に沿って言うなら、ベラルーシは「俗語ナショナリズム」よりも「植民地ナショナリズム」により適合すると判断できよう。にもかかわらず、同国が独立前後に、実状にそぐわない俗語型に傾きかけたのはなぜか。管見によれば原因は三つほどある。

第一に、ソ連式国勢調査が生み出す幻想がある。徐々に低下していたとはいえ、八九年の時点で基幹民族比率が七八パーセント、ベラルーシ語母語率が六六パーセントという数字は、一見エスニック・モデルの適用を正当化しうるものだった。

第二に、序章で紹介したブルーベーカーの議論にも関係するが、ソ連邦の構成共和国は「民族」の単位で設置され、共和国は表向き主権をもっているとされていた。ソ連末期に共和国のリーダーたちが連邦から権限を奪取していく際に、この建前に付け込み、「民族」の自決を装った。そのため、エスノナショナリズムが流行りとなり、ベラルーシもその時流に乗ったという側面があろう。

そして第三に、周辺諸国からの同調圧力である。東ヨーロッパには、もともと東方／エスニック型の土壌があった。そしてそれは、東欧革命からソ連解体に至る流れのなかで、時代精神のようになった。特に、ベラルーシはポーランド人やリトアニア人といった、いかにも民族らしい民族に囲まれているため、劣等感を抱きやすい。

これらの原因が重なって、ベラルーシでさえも、声高な少数派の導くがままに、おずおずとその方向に踏み出したのである。むろんそれはすぐに頓挫し、ルカシェンコの反動へと続くわけだが、エスニック・モデルは今もある種の強迫観念として残っている。なまじ地理的にヨーロッパのど真ん中にあり、周りに綺羅星のごとくエスニック型の成功例がひしめいているだけに、それが重圧となってのしかかる。

ロシア語読みのわけ

私たち日本人も、エスニック的・系譜的な民族観を強くもっているように思う。その点ベラルーシは、一見すると民族国家の予備軍のように思われながら、現実にはエスニック・アプローチがかえって国民形成を攪乱してしまったわけで、このモデルに関し我々に再考を迫る貴重な事例と言える。

ところで、この本で私は、ベラルーシの地名や人名を、すべてロシア語風の読み方で表記している。それはミンスクで三年間、ロシア語の世界に生きた私にとって、きわめて自然なことである。この本を書くのに必要な情報も、七〜八割はロシア語で得たはずだ(残りはベラルーシ語、日本語、英語が三分の一ずつぐらいだろうか)。こうした次第なので、「モギリョフ」ではなくわざわざ「マヒリョウ」と表記することには、個人的にどこか偽りじみたものを感じてしまう。

ベラルーシ固有の言語はベラルーシ語なのだから、ベラルーシ語読みで表記すべきだという考え方も理解できないではない。欧米人にはそのような対応が目立つ。だが、一般に他民族の言語を尊重するのは、それが民族の主要な個性である場合が多いからだろう。ベラルーシ人の際立った特徴が、ロシア語化され、多くの者が民族語をあまり大事に思っていないという点にある以上、そのような個性もまた尊重すべきなのではないか。単に民族語だからというだけでベラルーシ語読みを使えば、エスニック・モデルの押し付けになりかねない。このような問題提起も込めて、逡巡のすえに、本書ではあえてロシア語読みを採用した。

後発ナショナリズムの陥穽

ただし、重要なのはあくまでもバランス感覚と柔軟性ではないか。エスノナショナリズム一本槍が危険であるのは言うまでもないが、その逆の極端もまた考え物である。

ベラルーシを代表する経済学者であるズロトニコフ氏は、私との会話のなかで、「ベラルーシに民族的な理念など必要ないのです」と言い切っていた。同氏によれば、ベラルーシ国民の民族意識が弱く、生活の身近な問題にしか関心を示そうとしないことは逆に優位なのであって、ベラルーシには様々な民族が共存・共栄する米国のような国になる可能性があるのだという。

私は、ズロトニコフ氏の立場は大胆にすぎると考える。前出のスミスの議論の眼目も、あらゆるナショナリズムは市民的要素とエスニック的要素を併せもっているという点にあり、エスニックな核がなければ民族／国民の形成はおぼつかないことがしきりに強調されている([16])。ベラルーシにしても、純粋に市民的・領域的国家として生きるというのは非現実的であり、文化的共同体としてのあり方を模索していくことは必要だろう。さもなくば、大型船ロシアが沈むのをやめた時に、独立国として存在する理由が霧消してしまいかねない。

アンダーソンは、後発のナショナリズムにはある種の優位があるとの認識を示している。それは、既存の各モデルを様々な組み合わせでコピーし、翻案し、改良を加えられる立場にあるからだという([2]219)。しかし、ベラルーシでは当事者がモデルに呪縛され、あるいはそれを誤解・誤用し、モデル同士が排他的に競合してしまった。ベラルーシ・ナショナリズムの蹉跌が印象付けたのは、後発組の優位というよりは、その陥穽であった。

第二節　玩ばれる独立

空回りする対露統合

一九九四年のベラルーシ初の大統領選挙は実質的に、当時最高実力者だったケビッチ首相が勝つことを想定して実施されたものだった。この人物が公約の柱に掲げていたのも、ロシアとの経済統合に他ならない。実務派の彼が大統領に就任し、統合に向けた措置を粛々と実施していたら、ベラルーシはとうの昔にロシアに吸収されていただろうというのは、しばしば指摘される点だ。

ところが、この選挙で圧勝したのは、ロシアとの統合という主張ではケビッチと共通するものの、それをより大衆迎合的に訴えたルカシェンコ候補であった。ルカシェンコは大統領に就任すると、エリツィン・ロシア大統領との間で、統合条約を続けざまに結ぶ。しかし、その実施は遅々として進まず、かえって紛争やスキャンダルが多発した。

両大統領とも、二国間の結束により西側に対抗したり、国内で人気取りをしようとする点では思惑が重なっていた。しかし、統合の実体となるべき経済関係で、議論がすれ違った。市場経済・自由貿易を建前とするロシアに対し、ルカシェンコ政権は国家間の人為的な取り決めにもとづく経済協力を求めた。簡単に言えば、ロシアからエネルギーの供給を格安で受け、ついでに自国の工業製品も引き取ってもらおうという目論見である。ルカシェンコはまた、自国の経済力や当事者能力が貧弱であるにもかかわらず、通貨統合を含め、ロシアとの対等合併にこだわった。

エリツィン大統領とルカシェンコ大統領
© Yuriy IVANOV

エリツィン時代のベラルーシ・ロシア関係には、特有のパターンがあった。双方の政治的思惑から、条約を結ぶこと自体に重きが置かれ、中身は充分に詰められておらず、両者とも自分の都合の良いように解釈していた。かけ声ばかりが先行し、成果が挙がらなかったのも当然と言える。それゆえ、本質的に同じ内容の条約が繰り返し結ばれた。そして、両政権とも、統合が自国の国家体制と自らの権力への脅威になりそうになると、慌ててブレーキをかけるのであった。

エリツィンの置き土産

一時期関係が冷え込んでいたルカシェンコ、エリツィン両政権は、一九九八年夏以降、それぞれの事情により再び接近に転じる。

九八年夏のロシア経済危機により、エリツィン政権の威信は失墜した。折りしも、エリツィン大統領の二期目の任期が二〇〇〇年夏に切れることになっていたため(憲法は三選を禁止)、政権の求心力が低下した。そこでまたぞろ浮上したのが、国民の歓心を買う手軽な手段としてのベラルーシ・カードである。驚くべきことにクレムリンは、ベラルーシとの統合国家の元首に就任するという形で、エリツィン政権を延命させるシナリオも検討していたとされる。

他方、統合を通じたロシア政界への進出に意欲を燃やすルカシェンコ大統領としては、エリツィン大統領の在任中に道筋を付けたいところだった。いかに気の許せない相手でも、ロシアで国の枠組みにかかわる大きな決断を下せる政治家は、エリツィンを置いて他にいなかった。九一年にベラルーシ、ウクライナの元首とともにソ連の解体を電撃的に取り決めたエリツィンなら、その逆の統合もやってのけるのではないか。そうした期待感がルカシェンコにはあったに違いない。

両大統領は九八年一二月、ベラルーシとロシアが一つの「連合国家」として二一世紀を迎えるとの大胆な宣言を発表する。もっとも、連合国家なるものの中身については、例によって何の合意も得られておらず、その後の条約交渉に委ねられることとなった。

ルカシェンコ政権が取りまとめた条約案は、連合国家に大統領制を導入し、それを両国民の直接選挙で選出するという過激なものだった。ルカシェンコは「私がそのポスト〔連合大統領〕をめざしてエリツィンと争わないということなどあろうか」と公言し、意欲満々だった（[55]1999.7.2）。

しかし、クレムリンは急進的な条約案を却下する。野心家のルカシェンコを相手に本格的な国家統合に応じれば、不利益の方が大きいという判断であろう。ロシア指導部はこれ以降、政治統合については骨抜きにする一方、条約をテコに両国間の経済ルールを適正化し、ベラルーシがロシア経済に及ぼしていた損害を除去するという路線に転じていく。九九年八月にプーチン氏が首相に就任すると、ロシアは自国の経済的実利を最優先する方向性をより明確に打ち出していった。

九九年一二月八日、ルカシェンコ、エリツィン両大統領は「連合国家創設条約」に調印した。結局、その内容はもっぱらロシア側の利害に沿ったものとなっており、ルカシェンコにとっては成果は得られず、経済面での宿題だけが課せられる結果に終わった。

実はルカシェンコ大統領は、一二月八日の条約調印時に、エリツィン大統領から一つの約束を取り付けていた。同大統領の任期中に、さらにもう一本条約を結ぶというものである。巻き返しに望みをつないだ形だったが、それから二三日後にエリツィンは任期満了前の退陣を突然表明し、ルカシェンコが条約を結ぶ相手はいなくなってしまった。エリツィン辞任により、世界で一番ショックを受けたのはルカシェンコだったに違いない。

守勢に回ったルカシェンコ

ロシアでプーチン政権が成立すると（二〇〇〇年五月に大統領に正式就任）、ベラルーシとロシアの政権レベルの関係は、従来以上にぎくしゃくするようになる。プーチンは対外開放路線をとり、西側との関係強化を進めた。そうしたなか、ルカシェンコは相変わらず粗野な言動で欧米との衝突を繰り返している。ロシアにとってルカシェンコ政権のベラルーシは、西側に対抗するための貴重なカードというよりは、むしろそれとの関係を損なう厄介者と意識されるようになった。

自らの野望のために独立を売り渡そうとしていると批判されたのも今は昔、プーチン体制の確立に伴い、ルカシェンコはすっかり守勢に回ることとなる。ロシア政界進出が夢物語となっただけではない。第一節で述べたように、ベラルーシ国内の政権基盤までもが脅かされるようになった。もともとルカシェンコは自分の都合に応じて統合と主権・独立を使い分けていたわけだが、プーチン登場後は後者に力点を置くようになっていく。

試金石となったのが、二〇〇一年九月のベラルーシ大統領選だ。当国に絶大な影響力をもつロシアがこの選挙戦に介入し、ルカシェンコを引きずり降ろすというシナリオが、専門家の間で取り沙汰された。蓋を開けてみると、ルカシェンコ陣営の必死の防戦の前に、クレムリンも介入の糸口がつかめなかった。結局、九月九日に実施された投票の結果、ルカシェンコは第一回投票で再選を決めた。公式発表によれば、ルカシェンコの得票率は七六パーセントだったとされている(ただし、IISEPSは実際には五八パーセント程度だったと推計)。

二〇〇一年一一月のルカシェンコ大統領との会談でプーチン大統領は、ロシア側には緊密な統合に応じる用意はないとして、連合国家創設条約の事実上の棚上げを提案した。ところが、プーチンは二〇〇二年八月には一転して、ベラルーシがロシア連邦に加入することにより両国を完全に統一するという、大胆きわまりない提案を示す。一見矛盾しているようにも思えるが、プーチンの真意は明らかであろう。両国が本当に統合を遂げるとすれば、ロシアによるベラルーシの編入という形しかありえず、さもなくば統合をめぐる遊戯には終止符を打つという「全か無か」の立場だ。

一方、再選後のルカシェンコ大統領は、ある意味で非常にナショナリスティックになった。プーチン政権が唱えているロシア・ルーブルをベラルーシに導入する形での通貨統合には、頑なに抵抗している。「私はダーティーなロシア資本からベラルーシの国益を守る愛国者だ」と言わんばかりに、自国企業のロシアへの身売りには不可能に近いような厳しい条件を付けている。

以前から、ルカシェンコは対露統合に向けた大言壮語こそ振りかざすものの、それに必要な改革の実施や権力の返上には絶対に応じないから、実は彼こそがベラルーシ独立の保証人なのだと指摘する識者は少なくなかった。私自身、そうした認識を共有してきた一人である。そして、最近のルカシェンコの言動は、それが正しかったことを裏付けているかのようである。

ルカシェンコの罠

だが、本当にそのように高をくくっていていいものだろうか。現下のベラルーシは「ルカシェンコの罠」とでも言うべき状況に陥っている。他の旧ソ連諸国にも言えるように、体制が「力」によって維持され、権力の不正を取り繕うためにさらに不正が行われる悪循環になると、もはや最高権力者の円満な引退は期待できない。面倒なことに、ルカシェンコは比較的若い政治家だ。現在、二期目の任期中であるルカシェンコは、憲法を改定して三選に道を開くべく、国民投票実施の機会をうかがっている（あるいは国民投票を回避して「解釈改憲」か？）。そして、現体制からの脱却の道筋が一向に見えてこないなか、経済の劣化だけが確実に進んでいく。

二〇〇二年八月にプーチン大統領がベラルーシのロシア加入を提案した際にも、諸外国でロシアの帝国主義的野心を批判するような声は特に上がらなかった。これは、ルカシェンコ政権下の民主化・市場経済化の実績がここまで劣悪なら、ロシアに処理を任せるのも一案だという意識が広がってしまっていることを示唆している。ルカシェンコがロシア支配から逃れるために欧米にすり寄ろうとしても、到底受け入れてはもらえまい。

そもそも、最近のルカシェンコのロシア離れ自体、本物と言えるのだろうか。彼はこれまで、権力欲の赴くままに対露統合の旗を振り、ベラルーシ独自の理念には冷笑的な態度をとってきた。経済再建の望みも、自前の改革努力ではなく、ロシアとの「特別な関係」に託してきた。その張本人が今さらロシアと距離を置こうとしたところで、それは筋の通ったナショナリズムではない。自我を確立し、自活能力を備えて家から一本立ちするのではなく、親に叱られて気まぐれに家を飛び出すようなもの、いわば「プチ家出ナショナリズム」だ。早晩気まずく帰宅するか、さもなくば行き倒れるのが関の山だろう。

ベラルーシとロシアの虚々実々の駆け引きは、熾烈の度を増している。なるほど、表面的な構図は、ルカシェンコがベラルーシの主権・独立を擁護するというものだ。場合によっては、今後ルカシェンコがロシアとの総合条約を破棄するような可能性もあるかもしれない。にもかかわらず、大局的に見れば、主権・独立の基盤は必ずしも強化されていない。ますます多くの国民がロシアの方を向くようになっているし、クレムリンがベラルーシに介入する正統性も強まっている。「ロシア以外には誰もこの状況を打破できない」という構図が、かえって鮮明になってきているのだ。

シュシケヴィチ元最高会議議長にインタビューした時に、「逆説的にもルカシェンコがベラルーシの国家性を保証していることは否定できないのではないか」という質問をぶつけてみた。だが、「ルカシェンコが外国に行っても、その国の元首に会ってもらえないという状況で、国家性とは笑止。私が議長の時には、そんなことは絶対にありませんでした」と、すごい剣幕でまくし立てられた。その時は「発想に柔軟性のない人だ」などとも思ったが、今になってシュシケヴィチ氏の言葉が私に重くのしかかっている。

終章

◆

生きよ，ベラルーシ

Жыве Беларусь!

ジヴェ・ベラルーシ！

ベラルーシ人民共和国が宣言された当時から今日まで、この国のナショナリストの間で交わされてきた言葉である。「ベラルーシ万歳！」、"Long live Belarus!"というほどの意味であり、おそらくはポーランド語の同様の言い回しを借用したものと見られる。"Жыве"というのは「生きる」という意味の動詞なので(三人称単数現在形)、私はこのフレーズを聞くと、あたかも「生きよ、ベラルーシ！」という意味が込められているように感じる。実際には、彼らはそれほどシリアスな意味で使っているわけではない。しかし、まるでそれが「生きよ」という切迫した叫びに聞こえるほど、ベラルーシの行く末は不確実なものに思われる。はたして、ベラルーシは「民族」として、「国家」として、これからも「生きる」のだろうか。

ベラルーシの存在を決定付けたもの

のちにベラルーシ人となる古代の種族には、当然のことながら、言語をはじめとするエスニック的な特徴があったはずだ。しかし、その個性を自律的に育むことによって民族に成長してきたわけではなかろう。むしろ、ロシアとポーランドによって交互に支配され、どちらにもなりきれない人々として、ベラルーシ人の存在がおぼろげに浮かび上がってきた。そして、それをまとめ上げるような結集理念が微弱なまま、民族形成は二〇世紀初頭になっても宙ぶらりんの状態であった。

決定的だったのは、打算の産物ながら、ベラルーシ人を基幹民族とする「白ロシア・ソビエト社会主義共和国(BSSR)」がつくられたことである。これにより、民族の枠組みが確定し、ベラルーシ人の存在が公認されることになった。ただし、それに先立つ民族運動の蓄積が乏しかったので、最初からいわば「ソビエト・ベラルーシ民族」として形成されることになった。このようなパターンは、ソ連の多くの民族に大なり小なり当てはまることであるが、ベラルーシ人の場合はロシア人との近接性歴史的神話の欠如といった事情により、特にそれが顕著であったということだ。

フルマンとブホヴェツの両氏は、ベラルーシ民族が今さら自らの存在を否定し、ロシア民族またはポーランド民族に完全に溶解することは不可能であり、その「時機」はすでに逸したと主張する。BSSRの数十年にわたる存続と、ソ連解体後の独立国としての経験が、人々の脳裏に刻まれたからである。しかしながら、エスノナショナリズムにもとづいてベラルーシ人を古典的な民族として形成する可能性も、もはや失われているのであった([84]74)。

結局、国民の多くが名目的にはベラルーシ人を名乗りながら、恩恵的に与えられた独立にそれほどありがたみを覚えず、再びロシアに飲み込まれそうになっても無頓着である根本的な原因は、このような民族形成の経緯、とりわけBSSRの逆説にあったと言える。

長期的には楽観論が主流

にもかかわらず、当のベラルーシでは、自国の今後の存続について楽観視する有識者の方が圧倒的に多い。正確に言えば、短期的には悲観しながら、長期的には楽観するというパターンだ。楽観論の根拠になっているのは、次のような考え方である。ルカシェンコ大統領とその対露統合路線を支持しているのは中高年層であり、彼らは今後必然的に減少していく。他方、若い世代は独立ベラルーシを受け入れつつあり、やがては彼らが多数派になる、というのである。楽観論の代表例として、ブレストの社会学者、ルイシューク氏の意見を聞いてみよう。

昨今の若者は、たとえロシア語で話していても、自分をベラルーシと同一化しています。私たちの子供時代にベラルーシ史の授業はなく、ロシア史／ソ連史の一部として教えられるにすぎませんでした。現在では、学校に入るとすぐにベラルーシ史を教わるので、それがベラルーシ人であるという意識につながるのです。国旗や国章のことも、憂慮するに当たらないのでは。以前は若者が、禁止されている白赤白国旗をスタジアムで掲げ、警官に取り押さえられるようなこともありました。でも、若者はすでに、現在の赤緑国旗で自国チームを応援するようになっています。赤緑国旗を受け入れることは、ベラルーシ国家に対する否定的態度を何ら意味しません。若者にとってはあくまでも、独立国ベラルーシのシンボルなのです。

とにかく我慢することです。私は、もしあと数年ベラルーシ国家が存続したら、その枠内で、文化、エートス、感情、伝統の混合が進み、それにより徐々にベラルーシの国民理念が生まれていくのではないかと考えています。

第四章で触れたように、民族/国民の形成に関しては、「原初主義」と「構成主義」という二つの立場がある。構成主義とは、民族/国民はシンボル操作などを通じて後天的に構築されていくものだという考え方であり、ルイシューク氏がその立場に立っていることは明らかであろう。

ロシアの政治学者フルマン氏も、やはり構成主義の立場からベラルーシの行く末を達観する。いわく、ルカシェンコ大統領の奇矯な言動でさえも、独立国家ベラルーシが存在しているという現実をその都度国民に印象付けている。そうした意味で、いかに困難であろうとも、ルカシェンコ時代はベラルーシにとって決して「失われた時代」ではなく、まさに現在、将来の正常な国家の基盤が築かれつつあるのだというのが、フルマン氏の主張である([85]7-9)。

やはり拭い去れない不透明感

ただし、ウクライナの政治学者トメンコ氏にこの問題についての意見を聞いてみたところ、懐疑的な答えが返ってきた。教育とマスメディアが最低限の愛国的な働きかけを行うことが肝心であり、現在のベラルーシのようにそれらの場で対露統合のプロパガンダが蔓延しているようでは、国民意識は成熟しない。そのうえ言語や歴史などの面でも守るべき独自の価値がないなら、政治家が望みさえすれば統合は強行できる、というのである。

実際、ルイシューク氏やフルマン氏が言っているのも、もしも独立国ベラルーシが今後も首尾よく存続したら、当初の拒絶反応も和らぎ、人々はどうにかそれを受け入れるようになるだろうという希望的観測にすぎない。そうした安定期に行き着くまでは、突発的な出来事や政治家の独断専行に対して、無防備な状態が続くことになる。現に、最新の世論調査によれば、国民投票が実施されてベラルーシがロシアに編入されると決まった場合に、抗議行動に参加するという回答者は八パーセント、武器をとって独立のために戦うという者は二パーセントしかいない([76]2002, No. 3)。

このような次第であるからこそ、ベラルーシの独立を守り抜こうとするのであれば、やはり国民理念のあるべき形を的確に見極め、自覚的に取り組んでいくことが重要になる。そして、当国の場合、エスニック・モデルをごり押しすることは得策でなく、経済・社会的権利に重点を置きながら市民的国家をつくっていくという方向性が不可避なのではないか。

文芸復興の行方

ただ、仮にそうした路線が大方の支持を得られたとしても、万事丸く収まるわけではない。なぜなら、少数派ではあれ、言語・文化ナショナリズムを絶対視する人々がいなくなりはしないからである。しかも、エリートのなかにそうした向きが多い。彼らの苦悶は続くことになる。

民族派の潮流を代表する『ナロードナヤ・ヴォーリャ』紙のマカロヴィチ副編集長などは、「私は過去数年の経験で、文芸復興こそ必要であることをより一層確信しました」と言い切っていた。こうした人たちにとって、民族語、国民文化は宗教のようなものだから、他人が何を言おうと、その信念は揺るがない。そして、九〇年代前半のベラルーシ語教育運動は、このような志向をもつ文学青年ナショナリストを確実に世に送り出した。

　所変わってスコットランドでは、すでに「真のスコットランド文学はどの言語で書かれるべきか」といった「不毛な」議論を乗り越え、多文化社会としての現代スコットランドを忠実に描く文学作品を生み出し、地元のみならずイングランドからも高い評価を得ているという([4]90)。エスニック的なものよりも市民的なアイデンティティに活路を見出そうとしていると言われるスコットランドの経験は、ベラルーシにとっても学ぶところが大きいのではないか。

　ただ、ベラルーシの言語事情で特徴的なのは、国民が受動的にであれば誰でもベラルーシ語を理解できるという点にある。言語学的なポテンシャルだけからすれば、失ったのと同じくらいの速さで回復する可能性もあるかもしれない。

　もしも、三〇年後くらいに、この国で民族語を柱とするエスノナショナリズムが盛り上がっているようなことがあったら、我々はこの思想・運動の驚くべき生命力、万能性の前にひれ伏さざるをえないだろう。私も、ベラルーシを例外扱いしたことを、懺悔するつもりである。

二一世紀に間に合わなかった民族

だが、そのような可能性は、やはりきわめて低いのではないか。古典的な民族形成の観点から見た場合、ベラルーシ人の「目覚め」は単に遅かったのではなく、遅きに失した感が強い。

　フルマンとブホヴェツが論じているように、農民が単に土着の言葉を話していた二〇世紀初頭であれば、ナショナリストの仕事はまだしも容易だった。標準ベラルーシ語の読み書きを教育し、それが誇るべき民族固有の言語であって、汝らは「土地の者《トゥテイシャ》」でなくベラルーシ人であると教えてやればよかったのである。それに対し今日では、国民は読み書きはできてもロシア語に移行しており、民謡よりも欧米のロックの方を身近に感じている([84]74)。

しかも、巷間言われているように、グローバリゼーションの世である。国民文化にとってグローバリゼーションは、機会と挑戦の両方を意味する。第一章に登場したエドゥアルド・ドゥベネツキー氏のように、「インターネットでベラルーシ語・文化の人気を世界的に高めることができるかもしれません」と、期待に胸躍らせる人物もいる。マカロヴィチ副編集長などは、「ヨーロッパで最も多くハッカーを輩出しているのはベラルーシ」と、変な自慢をしていた。しかし、いざこれからベラルーシ語を普及させ、国民文化を育んでいこうという文芸派知識人は、総じてグローバリゼーションの到来を戦々恐々と待ち受けている。

それにしても、情報通信革命の時代に生れ落ちたベラルーシ・ナショナリストたちは、民族としての遅すぎた自己形成を、どのような営みを通じて遂げていくことになるのだろうか。クレムリンに対するサイバー蜂起を決行？　携帯の着メロにポレシエ民謡を使用？　プレイステーションでヴィトフト大公になり切る？　いずれにしても、一九世紀のそれとは随分違ったものになりそうだ。

ナショナリズムを全否定できるか

私は過去数年、自分なりにベラルーシという対象と格闘してきて、ナショナリズムを悪しきものとして全否定することは到底できないと考えるようになった。もちろん、この場合の「ナショナリズム」は、とかく血統的・排他的になりがちな「民族主義」的なものだけを意味しているのではない。「国民主義」、すなわち共通の市民的権利・義務にもとづいて凝集力のある国民国家を形成しようとすること、そのために国民的な帰属意識を育てようとすること全般を含んでいる。

ナショナリズムを是認するようなことを述べると、少なからぬ読者が激しく反発されることと思う。「ナショナリズムがどれだけの害悪をもたらしてきたか知らないのか？」「現代世界ではナショナリズムを乗り越えることが課題なのだ！」といった叱声が聞こえてきそうである。また、その延長上で、こんな風にお考えになる読者もおられることだろう。ベラルーシ国民の美徳である寛容や共存の精神は、民族的・国民的意識の弱さと表裏一体のものであろう。下手にナショナリズムを煽ったら、せっかくの長所が損なわれてしまうかもしれない。今ある個性を大事に育んでいった方が、幸福への近道ではないか。ひょっとしたらそれは、排他的なナショナリズムが角逐し合う人類社会にとっても、福音となるのでは……。

もっともな発想ではある。しかし、我々がベラルーシの事例から何かを学ぼうとするならば、まずは当事者の肉声に真摯に耳を傾けるべきだろう。もちろん、ベラルーシ国民にも様々な価値観の人がいるわけで、誰の意見を聞くかで話は違ってくる。私は、自分が尊敬し、明日のベラルーシを担ってほしいと期待する民主派の知識人たちの声を聞こうと思う。

結論から言えば、彼らはあくまでも普通の国になることを望んでいる。エスニック的な要素を強調するかどうかで意見は分かれるにせよ、国民意識を育てることは必要と考えている。

確かに、日本のような成熟した国民国家の人間が、自国のナショナリズムを克服しようとすることには、意義があるだろう。しかし、そのことに急なあまり、まったく条件の違うベラルーシのような国に、自分たちの問題意識を押し売りするようなことは慎みたいものだ。

むろん、すべてを新興諸国のナショナリストの熱情に委ねればいいという意味ではない。中井和夫氏がいみじくも述べているように、後発組のナショナリズムを認めてあげたうえで、それが暴発せずに健全に成長していけるよう、老成した国民国家の側が支援することが肝心だ([20]200)。

やはり必要な国民としてのまとまり

私は、ベラルーシ国民の民族・国民意識が弱いとしても、彼らがそのこと自体で不幸であるわけではないと思う。しかし、自意識や主体性を欠いているがゆえに、これまで自分たちの利益をしかるべく擁護してこられなかったことは、間違いないのではないか。

これから述べることが、あまりにも極端な事例であることは承知している。でも、ぜひ考えてみていただきたい。

実は、ソ連は雨雲に沃化銀を散布して人工的に雨を降らせる技術を発達させていたと言われている。チェルノブイリ原発事故の際に放射性物質がベラルーシに集中的に降り注いだのも、自然現象ではなかったという有力な説があるのだ。放射能を含んだ雨雲が北東の方向に進もうとしていたことから、メトロポリスのモスクワを守るため、未然に雨を降らせる決定が下された。当局の指示を受け、ゴメリ近郊の基地に所属する航空編隊が付近一帯で沃化銀を散布し、人工降雨を生じさせたというのである。作戦を実行したパイロットの証言も得られているという([55]1996. 2. 8)。

私はこの説が正しいと断定する根拠をもっていない。しかし、ソ連国家の体質と、ベラルーシ共和国の位置付けにかんがみると、充分ありえたことだと考えざるをえない（ベラルーシの核問題の権威も、同説を信じている。[41]2003. 4. 25)。もしソ連当局が実際に悪魔の選択をしたのだとしたら、次のような深層心理が働いていたのではないか。「ベラルーシ人は完全に我々の側の住民だ。自己主張が弱いので、あとあとそれほど面倒なことにもならないだろう」。

実際、人工降雨説はゴメリ州住民の間で広く信じられているにもかかわらず、九〇年代に入って以降は、政治の表舞台で取り上げられることすらなかった。これほどの理不尽にもかかわらず、ベラルーシ国民自身が声を上げないので、国際的にも本件はタブー扱いされているらしい（[97]）。

袴田茂樹氏は、ロシア人の国民性として、いったん自分の勢力圏に取り込んでしまった相手、従順な相手に対しては、表向き友好姿勢をとりながら、本心では見下すという傾向があると指摘している。それはたとえば、「ソ連の一六番目の共和国」と称されるほど親ソ的な国であったブルガリアに対して、かつてロシア人が示していた態度に表れていたという（[21]94-95)。

そして、現在ベラルーシは、ロシアの九〇番目の連邦構成体になることを提案されている（連邦構成体の再編が取り沙汰されているので、数は変わるかもしれないが）。ロシア側はすでに、ベラルーシを掌中に納めたという感覚でいるはずだ。こうした状況で、ベラルーシの人々が国民としての自覚をもち、死活的な利益を守るという姿勢を示さなければ、チェルノブイリとは言わないまでも、今後も何らかの不利益をこうむる危険性は否定できないのではないか。

ベラルーシの選択とナショナリズム

現在ベラルーシは、今後もロシア世界の一部として生きるのか、国民国家としてヨーロッパに参入するのかという二者択一に直面している。私は、前者の道を歩むことになったとしても、そのこと自体が暴挙だとは思わない。国民の多くも、それで別段構わないと考えている。彼らにとっては、ソ連解体の方がよほど暴挙であった。現実的に考えれば、今後もロシアが最も重要なパートナーであることは変わらないだろう。

ただ、大国の思惑や政治家の野心に翻弄される形で帰趨が決まってしまうようなことがあるとしたら、残念でならない。この土地に住む人々が、自分たちにとって長期的に何が利益になるのかを熟慮し、それが尊重されることを望む。運命によって与えられた「ベラルーシ」の可能性を、みすみす放棄してほしくはない。

そして、ベラルーシの人々がこの問題に向き合い、ロシアとヨーロッパの狭間で自分たちのあるべき位置なり姿なりを見極めるためには、「国民」という枠組みに結集することがどうしても必要になるのではないか。そうでなければ、主体的・合理的に判断を下すことは、おぼつかないだろう。大国や権力者に翻弄されるだけの「住民」から脱皮できないことになる。

EUのように国民国家が主権を返上して統合を進めようという時代に、ナショナリズムなどは時代遅れと映るかもしれない。しかし、私は中東欧諸国がEU加入に邁進してきた原動力は、ナショナリズムに他ならないと考えている。つまり、ソ連／ロシアの支配から脱し、自らのヨーロッパ帰属を明確化し、周辺諸国との繁栄競争に勝つために、我先にとEUに殺到してきたのではないか。

国民的な自意識がなければ、このような志向も出てこないはずだ。

ナショナリズムというのは、他民族に対する迫害や侵略を招く悪しき思想だというイメージがある。しかし、それは時と場合によるのであり、現下のベラルーシの場合ナショナリズムは平和主義に直結しうる。もしもベラルーシが独立を返上してロシアに吸収されれば、ベラルーシの若者はチェチェン戦争に従軍しなければならなくなる。実は、ベラルーシ国民の対露統合への反対意見のなかで最も有力なものは、ロシアの地域紛争に巻き込まれたくない、自分の息子を戦場に送りたくないという声なのである。であるならば、「我々ベラルーシ国民は無益な紛争とはかかわらないのだ」という立場を明確化し、それを国民的な理念に転化していけばいいのではないか。

お堅い話は抜きにしても、自国のナショナルチームがワールドカップの予選の試合を戦っている最中に、隣の国の途中経過が気になるのは、やはりあまり名誉なことではない。「脱ナショナリズムの模範、あっぱれベラルーシ」とは、私にはどうしても考えることができない。

日本との状況の違い

我が国においては、先の戦争に対する痛切な反省から、進歩主義的な知識人の間に、国民にナショナリズムを植え付けることに対する根強い警戒感がある。かく言う私も自分のことを、そうした人間だと信じていた。そんな私が、ベラルーシという特殊な事例にもとづいてではあれ、ナショナリズムを擁護することになろうとは、自分でも思いもよらないことであった。

思うに、我々の場合は、すでに「日本」という確立された国民国家に生きている。歴史教科書をめぐって国民的な議論が巻き起こったりするのも、爛熟した国民国家ならではであろう。関心事としての「日本」、共通の土俵としての「日本」が確固としてあり、ある人はそれを強化しようとし、ある人はそれを相対化・脱構築しようとしているわけだ。そして、知識人がアンチナショナリズムを唱えても、現実には「日本」というものはそうそう揺るがない。

ベラルーシは事情がまったく異なる。民族・国民としての自我をどうにかして確立し、その枠組みを定着させようとしている最中なのだ。歴史教科書論争にしても、彼の国の場合は国民的広がりはなく、あくまでも専門家の間だけのものである。こうした初歩の段階で、「リトアニア大公国はベラルーシ人の国だ」といった、少々行き過ぎた言説が唱えられることがあったとしても、長い目で、暖かく見守りたいものだ。日本のように、充分分別をもってしかるべき国民が今さら自国中心史観に固執して近隣諸国に不快感を与えたりしているのとは、同列に論じられない。

日本でナショナリズムを批判する論陣を張っているような理想主義的な知識人が、現下のベラルーシの状況に置かれたなら、まず間違いなくナショナリズムの旗手になるだろう。それが現在のこの国における「良心」のあり方ではないかと思うのだ。ナショナリズムが常に善であるとか、悪であるとかいうのではなく、結局はそれぞれの国民自身が、自らの状況に応じて折り合いを付けていくべきものなのではないだろうか。

暴走しないナショナリズム

私はベラルーシ・ナショナリズムを尊重しつつも、それに変に感情移入することは自制していた。

そもそもがナショナリズムについて慎重な立場だったし、特にベラルーシの場合は民族主義者が国民の支持を得ていないという現実も知っていたからだ。それに、日本の東ヨーロッパ地域研究者にありがちな「民族マニア」にはなるまいという気持ちも強かった。

それに関連して、苦い思い出が一つある。グロドノを拠点とする民族派の反体制紙『パゴーニャ』の編集部を訪問し、マルケヴィチ編集長にインタビューした時のことだった。例によって、ベラルーシの民族理念に関して突き放したような質問ばかりしたのがまずかった。編集長が「あなたはまるでザメタリンのようだ」と怒り出してしまったのである。ザメタリンというのは、硬直的なイデオローグとして悪名の高いルカシェンコ政権の幹部のことだ。

私が帰国した直後、ルカシェンコ大統領を中傷したかどで、二〇〇一年一一月に『パゴーニャ』は廃刊処分になってしまった。マルケヴィチ編集長にも二年半の自由剝奪刑が言い渡され、モギリョフ州の田舎町でバラックに住んで矯正労働に従事させられることになった。

この時ばかりは、さすがの私も罪悪感に襲われた。ルカシェンコ政権の迫害に耐えている人に酷な質問をしてはいけなかったのではないか、むしろベラルーシ・ナショナリズムの応援団の役割を積極的に買って出るべきではないかと自問した。言論による暴力が猛威を振るう日本から、言論が暴力にさらされるベラルーシに思いを馳せる、気の重い日々が続いた。二〇〇三年三月に減刑処分が下り、マルケヴィチ氏がグロドノに戻るのを許され、ようやく少しだけ気が楽になった。

ところで、マルケヴィチ編集長は、私の質問が一段落すると、感情的になったことを詫び、グロドノの街を案内したいと申し出てくれた。ベラルーシ国民の客をもてなす精神には、常に感心させられる。私はこの本を書くために、かれこれ一〇〇件以上の聞き取り調査をベラルーシで行ったが、インタビューを申し込んで断られたことが一度もない。言語の面でも柔軟であり、一人を除いて全員がロシア語で対話に応じてくれた。この国のナショナリストの場合、他国のそれのような押し付けがましさをあまり感じない。

将来、当たり前のナショナリズムをもった普通の国になったら、ベラルーシ国民の美徳、あの愛すべき「寛容」「共存」は失われてしまうのだろうか。「対話」「もてなし」の精神も薄れてしまうのか。もし本当にそれが「国民」に脱皮するための代償なら、私は少々のことは大目に見るつもりでいる。

その一方で、杞憂にすぎないだろうという気も、心のどこかでしている。アントニー・スミスの言うように、ナショナリズムがあらゆるイデオロギーと結合しうるなら、寛容や共存といった国民性と結び付くことも可能なのではないか。随分ひいき目だと笑われるかもしれないが、私はそう信じている。

再びM先生のこと

序章で紹介したように、私が大学時代にロシア語を教えていただいたベラルーシ人のM先生という方がいる。先生が信じたソ連という国は、それから間もなく瓦解した。私はずっと、M先生が今何を考え、どのように暮らしているのかということが気になっていた。そして、在ベラルーシ大使館での任期も残りわずかとなった二〇〇一年一月、ミンスクに住んでいるはずの先生を探し出して会ってみようと思い立った。少ない手がかりをたどって大捜索をするつもりが、あっさり電話帳に名前が出ていたのにには拍子抜けしたが。

一四年振りに再会したM先生は、すでに初老の域に差し掛かっていた。かつてのソビエト愛国者が、熱烈なルカシェンコ支持者にでもなっているかと思いきや、意外にもとても穏やかで、上品なベラルーシ・ナショナリストに変わっていたのである。お話をうかがえば、ミンスクで生まれ育った彼女はほとんどベラルーシ語ができなかったのだが、独立前後の時期に習得し、それまで知らなかった自民族の歴史と文化への関心も広げていったのだという。私がベラルーシ語の劇を観に行った話などをすると、喜んでくれた。

彼女のように、ソ連愛国者として半生を生き、生涯をロシア語教育に捧げてきた人間が、ベラルーシを新たな拠り所として受け入れることには、苦悩もあったはずだ。先生は、「若い世代の人たちが民族の文化を失ったりしないよう、手助けをしてあげなければなりません。私たちの世代のように、自らを喪失する失敗を繰り返してはなりません」と、静かな口調で語ってくれた。

考えてみれば、かつてのソビエト愛国者がベラルーシ・ナショナリストに変身することは、それほど無理のあることではないのかもしれない。ソ連から外国に派遣されてロシア語を教えるようなことは、イデオロギーに忠実なエリートでなければできなかった。そのようなエリートが新しい状況においてベラルーシ理念をより積極的に受容することもまた、一つの自然な成り行きだ。

大学時代の恩師と、ベラルーシ・ナショナリズム。自分がかかわりをもった二つのものが思いがけず結び付いたことに、私は不思議な感慨を覚えた。と同時に、M先生のよい意味での豹変に、ある種の光明を見た思いがしたのである。

ベラルーシの真の魅力

本書は、ナショナリズムが微弱なベラルーシを、あえてその観点から論じるという屈折したものだった。等身大の魅力を紹介するという意味では、あまり素直な迫り方ではなかったかとも思う。振り返ってみれば、私は知識人や学者たちへのインタビューこそ精力的に実施したものの、この国の普通の人々と直に交流するような機会はあまりなかった。純朴で善良な国民性といったことについて、それほど語る資格があるわけではない。

また、第二章では、歴史的な文化遺産に重点を置くあまり、観光の見所が少ないと強調しすぎたかもしれない。ベラルーシの醍醐味は、何と言っても自然の美しさにある。同国の北東地域に広がる「ベラルーシ湖水地方」には、えも言われぬ美景が広がっている。私自身は、アウトドア派でないということもあって、必ずしもその素晴らしさを満喫したわけではない。

考えてみれば、緑豊かな大地に、善き人々(そして美しい女性!)が住みなしているのだから、それ以上望むことはないとも言える。ただし、気になるのは、これらのベラルーシならではの魅力にも、暗い影が忍び寄っていることである。

最も憂慮されるのは、独立後の人口危機ではないだろうか。大人たちが子供を何語で教育するかもめている間に、子供の数自体が急激に減ってきてしまったのである。現在の出生率と死亡率のトレンドが続くと、二一世紀半ばまでにベラルーシの総人口が半減するという試算もある([94]20)。

その原因の一つとなっているのがチェルノブイリ問題であり、汚染地域ではすでに罹病率や死亡率の上昇が確認されているが、この問題が長期的にどのような影響を及ぼすかはまったくの未知数だ。先進国病ならともかく、独立を果たしてこれからというところなのに、善良なベラルーシ国民がどんどん減っていってしまうというのは、何ともやりきれない。

さらに、現政権によって自然保護が軽んじられていると疑わざるをえない点も、懸念の的である。ルカシェンコ政権がベロヴェージ原生林で無思慮な伐採を行い、木材を輸出して得た収入をポケットに入れているといった噂が絶えない。

私としては、順良な人々と美しい国土が、これからも健在であることを祈るばかりである。そして、一人でも多くの日本人が、私が知りえなかった分も、この国の真の魅力を発見してくれることを願っている。

廃墟への旅、エピローグ

最後に、「廃墟への旅」の土産話を、もう一つだけ。ヴィテプスクに、聖ブラゴヴェシチェンスカヤ教会堂という、正教会の寺院がある。一二世紀に、西ドヴィナ川左岸の丘に建立された。何度か改築はされたものの、数世紀にわたりいくつもの戦争をくぐり抜けてきた古刹だ。その教会堂も、第二次大戦中に半壊し、戦後しばらく放置されていた。そして、多くの教会が取り壊された一九六一年、聖ブラゴヴェシチェンスカヤ教会堂もまた解体処分となったのであった。

ところがどういうわけか完全に更地にはされず、その後もずっと教会堂の土台と壁の一部が残っ

甦った聖ブラゴヴェシチェンスカヤ教会堂

ていた。そして、生き残った部分を活かす形で、独立後の九三年に再建が開始され、五年後に聖ブラゴヴェシチェンスカヤ教会堂は甦ったのである。

再建された教会堂で特徴的なのは、残されていた古い煉瓦の部分だけを白塗りにせず、あえてそこが目立つようにしていることである。当事者の意図としては、由緒のある教会であることを強調するために、古い部分を際立たせているのだろう。しかし、いかんせんそれは全体のごく一部であり、長年の風雨にさらされたフレスコ画もぼやけてよく見えない。真新しい白壁と古い煉瓦とのコントラストにより、かえって、現代人が特別な思いを込めてつくった復元物であることが一目瞭然となっている。

思うに、「ベラルーシ」もこの教会堂のようなものではないか。古い煉瓦部分に相当する、いくらかの「真実」「核心」はあるだろう。しかし、それは全体の一部にすぎず、圧倒的に大きな欠落部分を現代人が想像し補完することによって、今の姿が成り立っている。そして、欠落、断絶が大きすぎるために、現代の造形品であることが意識されざるをえない。それだけに、人々を絶対的な帰依に導くような呪術性には欠けるうらみがある。

それでも、感性の豊かな人は、そのようにつくられたものにも特別な想いを寄せる。ジュラコフスキー氏というヴィテプスクの民主活動家が、ブラゴヴェシチェンスカヤ教会堂について、こんなことを言っていた。それは、教会のたどってきた起伏を、ベラルーシの運命とだぶらせているように聞こえた。

私はずっとブラゴヴェシチェンスカヤ教会堂のことを不思議に思っていました。ヴィテプスクの教会はソ連時代にほとんど破壊され、ブラゴヴェシチェンスカヤ教会もその例外ではありませんでした。でも、この教会だけは、完全に破壊されるのではなく、土台部分が残っていたのです。ブルドーザーで更地にして、その場所に何かを建てようとすればできたのに。ひょっとしたら、教会の取り壊しを命じた人たちも、再建する日がいつか来るかもしれないと考えていたのではないか。私にはそんな風に思われてならないのです。

おそらく、ジュラコフスキー氏はうがった見方をしているだけなのだろう。実際には、ブラゴヴェシチェンスカヤ教会は偶然にも命脈を保ったにすぎないのであって、現代の人間が復活のドラマに過大に思い入れているだけなのだろうと思う。

とにもかくにも、ブラゴヴェシチェンスカヤ教会堂は息を吹き返し、その真新しい白壁を西ドヴィナ川の川面に浮かべている。世界中から見物客が訪れるような名刹ではないかもしれない。来歴を知らなければ、単に素通りしてしまうだろう。それでも、その存在を知るに至った者にとっては、何ともいとおしい姿である。

私は社会科学者として、民族なり国民なりというものが「想像の共同体」にすぎないことは知っている。しかし、今となっては、幻で構わない、これからもずっとベラルーシを見ていたいという気持ちである。これはもう、立派な民族マニアかもしれない。いささか感傷的な言葉で本書を締めくくることを、お許し願いたい。

Жыве Беларусь!

生きよ、ベラルーシ！

あとがき

在ベラルーシ大使館で働くことを上司から勧められた時、正直あまり気は進まなかった。昨今の日本では、ロシア研究者として生きる道は厳しくなっている。それが、まかり間違って「ベラルーシ専門家」などという烙印を押されたら、傍流への道まっしぐらだ（研究者の失敗？）。ただ、ベラルーシのようなロシア寄りの小国なら、両足をロシアに残したまま、片手でできるかもしれない。そのようなあざとい計算もあり、ロシア語圏に長期滞在してみたいという気持ちはあったので、私はベラルーシ行きに応じることにしたのである。

現地に赴任してからも、むろん職務上必要とされる調査はこなしたけれども、それほど熱心にベラルーシのことを研究したとは言えない。やるにしても常にロシアと結び付けた形であり、ベラルーシ独自のことにはあまり興味が湧かなかった。それに、ロシア語会話が不得意であった私は、この機会にロシア語を鍛えなければならないという気持ちが強く、その邪魔になりかねないベラルーシ語のことも避けていた。

当初二年だった大使館での任期が、一年延長された。このあたりで、私の心境は変わる。最後の一年だけでも、「ベラルーシ」というものと真剣に向き合ってみようかという気になったのである。そうだ、いっそのこと本を書くことにしようと思い立った。現金なもので、そう決めると俄然研究意欲が湧いてきた。二〇〇〇年四月の一時帰国で英気を養い、ベラルーシに舞い戻ると、猛然と同国のことを調べ始めた。人口一〇万以上の都市は全部訪問するなどという馬鹿な目標を立て、それを「超過達成」してしまった。最初の二年は頑なに避けていたベラルーシ語の本も買うようになった。ロシア語がペラペラになって帰るつもりだったけれど、まあ一人くらい「トラシャンカ」をしゃべる変な日本人がいてもいいか。だんだんそんな気持ちになってきた。

というわけで、本書は主として、二〇〇〇年五月から二〇〇一年三月にかけて収集した資料やデータ、実施した聞き取り調査および地方視察にもとづいて書かれている(むろんその後も追加的な資料収集や取材は行った)。本分中では、文献からの引用と区別できるよう、インタビュー引用箇所はですます調にしてある。肩書きはすべてインタビュー実施時のもの。

本書で使用している写真も、基本的にすべて私が撮影したものである。ただし、政治家の写真などは、ユーリー・イヴァノフ氏に提供してもらった。イヴァノフ氏は、ソ連解体を決めたベロヴェージ会談を取材した唯一の写真カメラマンであり、私とはたまたまミンスクのアパートが同じであった。

残念ながら、紙幅の都合で本書では割愛せざるをえなかった事柄も多い。そこで、このほど私は、ベラルーシを紹介するウェブサイトを立ち上げた(http://www.geocities.jp/hmichitaka/)。なお、特にベラルーシの歴史に関しては、よりまとまった形でいずれ発表できればと考えている。

当初の目論見としては、帰国後半年くらいで一気にこの本を書き上げ、めでたくベラルーシから卒業するつもりだった。しかし、インタビューのテープ起こし、文献の消化などに予想以上にてこずり、執筆がはかどらなかった。片手で適当にやるつもりが、いつの間にか「沼の国」ベラルーシに腰までどっぷりはまっていた次第だ。そうこうするうち、帰国後ほぼ三年が経過してしまった。この間、本業に身が入らなかったことは否めず、ロシア東欧経済研究所の同僚たちには詫びを言いたい。また、私のベラルーシ行きに尽力されながら、本書の完成を見ずに逝った小川和男所長の冥福を、ここに改めて祈るものである。

初めて単独の著作を上梓するこの機会に、これまで多くの先生方から賜ってきたご指導に対し感謝申し上げたい。特に、山本満一橋大学名誉教授、新田實東京外国語大学名誉教授、袴田茂樹青山学院大学教授、中村裕秋田大学教授のお名前はぜひとも挙げさせていただきたい。また、田畑伸一郎北海道大学スラブ研究センター教授を中心とする「CIS研究会」のメンバーにも、日頃の実り多い交流に対して感謝申し上げる。同研究会による我が国で初めてのCIS（旧ソ連諸国が結成した「独立国家共同体」）に関する研究論集が刊行されることになっているので（参考文献[17]）、併せて参照していただければ幸いである。この他、原稿に目を通していただいたり貴重なご教示をくださったすべての先輩・同僚諸氏にお礼を申し上げる。

歴代の臨時代理大使をはじめとする在ベラルーシ大使館の関係者の方々、ミンスク生活でお世話になった在留邦人の皆さんにも、お礼を申し上げねばならない。本書を書くうえで、ご教示いただいた点も数多い。また、外務省の関係各位には、帰朝後に賜っている格別のご配慮も含め、改めて謝意を表したい。

それにしても、この御時世にベラルーシなどという地味な国について商業出版で本を出すとは、我ながら曲芸のようなことをしたものである。それが可能になったのはひとえに、岩波書店編集部の山田まりさんが投げてくれた「命綱」のおかげである。私事にわたって恐縮であるが、私の誕生日は一九九一年にＢＳＳＲ最高会議が正式国名を「ベラルーシ共和国」に変更し、白赤白国旗と「パゴーニャ」の国章を制定した日と同じである。いわば私はベラルーシ・ナショナリズムと誕生日を共有しているわけだが、実は山田さんの誕生日も同じであることをあとから知って、お世話になるのも必然だったかと勝手に納得した次第だ。

Пользуясь этим случаем, мне хотелось бы выразить свою искреннюю благодарность руководству НИСЭПИ, коллегам БФМ, ученым институтов НАНБ, МГУ и Национального научно-просветительного центра имени Франциска Скорины, деятелям ТБМ, журналистам ряда независимых газет, Юрию Иванову, Светлане Черкесовой, сотрудникам Посольства Японии в РБ и всем, кто дал мне интервью, предоставил мне литературу и данные, показал мне города, достопримечательности и музеи.

最後に、ベラルーシ駐在中に色々と心配をかけたので、本書を父・伊雄、母・八重子に捧げたい。

二〇〇四年一月

服部倫卓

■岩波オンデマンドブックス■

不思議の国ベラルーシ
——ナショナリズムから遠く離れて

2004年3月25日　第1刷発行
2018年1月11日　オンデマンド版発行

著　者　服部倫卓《はっとりみちたか》

発行者　岡本　厚

発行所　株式会社　岩波書店
〒101-8002　東京都千代田区一ツ橋2-5-5
電話案内　03-5210-4000
http://www.iwanami.co.jp/

印刷/製本・法令印刷

ISBN 978-4-00-730717-1　Printed in Japan

索　引

さ　行

た 行

ま　行

ベラルーシ歴史年表

先史〜ルーシ時代	6〜8世紀	現ベラルーシ南部に**スラヴ人**が流入．**バルト系の先住民**を徐々に駆逐・同化していく．
	9世紀頃	現ベラルーシ領において**クリヴィチ族，ドレゴヴィチ族，ラヂミチ族**という東スラヴ系の3つの部族連合が割拠．
	862年	クリヴィチ族の**ポロツク公国**が初めて年代記で言及される．
	9世紀末	**キエフ・ルーシが成立し東スラヴ人の土地を統合．**
	10世紀末	現ベラルーシ南部でドレゴヴィチ族のトゥーロフ公国が台頭．
	10世紀末〜	**キリスト教(正教)が流入．**
	12世紀	エフロシニヤ・ポロツカヤが活躍．
	13世紀前半	ベラルーシの地の諸公国のうちノヴォグルドク公国が台頭．1230年代にバルト系のミンドヴグ公の下で急激に強大化．ミンドヴグは1253年にノヴォグルドクでリトアニア王として戴冠(**リトアニア大公国**成立へ)．
	1237-1241年	モンゴル軍がルーシに来襲．ベラルーシの地は本格的な支配を免れる．
	1323年	リトアニア大公国の首都がヴィルニュスに移る．
リトアニア大公国時代	14世紀後半	**ベラルーシの各地がすべてリトアニア大公国の版図に組み込まれる．**
	1385年	リトアニア大公国がポーランド王国と同君連合を形成(クレヴォ合同)．
	1387年	ヴィルニュスにマグデブルク法(ドイツ型の中世都市法)適用．これを皮切りに17世紀までにベラルーシ地域の40あまりの都市に適用．
	14〜16世紀	大土地所有が進み農民が農奴化する．
	1410年	リトアニア大公国とポーランドの連合軍がドイツ騎士団を撃破(グルンヴァルトの戦い)．
	1517年	ポロツク出身のスコリナが古ベラルーシ語訳の聖書を刊行．
	1558-83年	リトアニア大公国とロシアがバルト地域の覇権をめぐって交戦(リヴォニア戦争)，ベラルーシ地域は荒廃．

ハ――ベラルーシ歴史年表

〈共和国〉時代	1569年	**リトアニア大公国とポーランド王国が連邦国家ジェチポスポリタ〈共和国〉を形成(ルブリン合同)**．ベラルーシの地も実質的にポーランドの支配下に入り，貴族はカトリック/ポーランド化していく．
	1588年	レフ・サペガの尽力でリトアニア大公国第3法典採択．
	1596年	ロシア正教の典礼を維持しながらカトリックの教義を受け入れる**ユニエイト教会**が成立(ブレスト教会合同)．当初改宗は難航したが，18世紀末までにベラルーシ地域住民の4分の3がユニエイトに．
	1654-67年	**〈共和国〉・ロシア戦争でベラルーシ地域の人口が半減．**
	1696年	古ベラルーシ語がリトアニア大公国における公用語の地位を失いポーランド語に取って代わられる．
	1700-21年	〈共和国〉がロシアと同盟してスウェーデンと交戦(**北方戦争**)．ベラルーシ地域はまたも荒廃．
	1772年8月	3列強による**第1次〈共和国〉分割**．現ベラルーシ東部がロシア領に．
	1793年1月	2列強による**第2次〈共和国〉分割**．現ベラルーシ中部がロシア領に．
	1794年3〜11月	〈共和国〉の分割に反発した**コシチューシコ蜂起**．ロシアのスヴォーロフ将軍が鎮圧．
帝政ロシア時代	1795年11月	3列強による**第3次〈共和国〉分割**．〈共和国〉は完全に消滅．現ベラルーシ西部がロシア領になり，これで**現ベラルーシ領のほぼ全域が帝政ロシアに組み込まれた．**
	1812年	フランス軍がロシアに侵攻(ナポレオン戦争)，ベラルーシ地域は戦災をこうむる．
	1830〜31年	旧〈共和国〉領でロシア支配を打破しようとする**11月蜂起**．
	1839年	帝政ロシアの決定によりユニエイト教会がロシア正教に吸収される．
	1861年	帝政ロシアが**農奴解放令**を発令するも，不徹底な内容に反発が高まる．
	1862年	カリノフスキーが初のベラルーシ語新聞『農民の真実』を発行．
	1863-64年	旧〈共和国〉領で再びロシア支配の打破をめざす**1月蜂起**が発生するも，敗北．以降ベラルーシ地域で「ロシア化」の圧力強まる．

帝政ロシア時代	1884 年	ナロードニキの活動家がペテルブルグで『ゴモン』誌を発行．ベラルーシ人が独自の民族であることを初めてまとまった形で主張．
	1890 年代	文学者ボグシェヴィチが活躍．同氏らの尽力により，この頃までに「白ロシア/ベラルーシ」という呼称が現ベラルーシ全域を指すものとしてほぼ定着．
	1903 年	ルツケヴィチ兄弟らにより初の政党「**ベラルーシ社会主義会議(グロマダ)**」が結成される．
	1905 年	第 1 次ロシア革命．ベラルーシの都市部でも労働運動が盛んに．
	1906-15 年	初の合法的なベラルーシ語週刊紙『**ナーシャ・ニヴァ**』が発行され文芸運動を担う．
戦争・革命・内戦期	1914 年 8 月	**第 1 次世界大戦**勃発．ベラルーシ西部がドイツの占領下に．
	1917 年	**ロシア革命**．2 月に帝政が崩壊し，臨時政府と「ソビエト」との二重権力状態に．11 月にはボリシェヴィキ(のちのソ連共産党)が政権を奪取．ドイツの占領を免れていた**ベラルーシ中・東部でもソビエト権力確立**．
	1918 年 3 月 3 日	ソビエト・ロシアがドイツ等との**ブレスト・リトフスク講和条約**に調印．ベラルーシの一部を含む広大な西部領土を放棄．
	1918 年 3 月 25 日	「全ベラルーシ大会」の執行委が**ベラルーシ人民共和国の独立を宣言**．しかし，ドイツ軍の撤退に伴い当地の実権は再びボリシェヴィキの手に渡り，人民共和国の幹部は国外に逃れ亡命政権化した．
	1919 年 1 月 1 日	**白ロシア・ソビエト社会主義共和国**(**BSSR**)の創設を宣言．
	1920 年 4 月	ベラルーシ・ウクライナ地域の支配をめざしてポーランド軍が侵攻，**ポーランド・ソビエト戦争**に発展．
	1920 年 7 月 31 日	BSSR の創設を再宣言．
	1921 年 3 月 18 日	ソビエト・ロシアとポーランドが**リガ条約**に調印．**ベラルーシは東西に二分され，東は BSSR としてとどまり，西はポーランド領に組み込まれた．**
	1922 年 12 月 30 日	**BSSR が連邦条約に参加し，ソ連邦の構成共和国となる．**
	1920 年代	BSSR でベラルーシ化政策(民族語・文化の奨励，現地人の要職登用)推進．

ソ連時代	1920 年代末〜	ソ連で**スターリン体制**が確立．強行的な工業化と農業集団化．ベラルーシ化政策にも終止符が打たれ，民族エリートが抑圧される．
	1939 年 9 月	**第 2 次世界大戦**勃発．ソ連はナチス・ドイツとの密約にもとづきポーランド領東部を制圧し，**東西ベラルーシが BSSR に統一される．**
	1941 年 6 月 22 日	**ドイツ軍がソ連領に侵攻**，大祖国戦争(**独ソ戦**)**始まる．** ベラルーシは全面的にドイツの占領下に入ったが，国民はパルチザン戦で敵を苦しめた．1944 年 7 月ベラルーシ解放．1945 年 5 月にドイツ降伏．
	1945 年 6 月 26 日	ベラルーシが国連憲章に調印，国連の原加盟国となる．
	1965〜1980 年	マシェロフ氏が共産党ベラルーシ第一書記を務める．
	1985 年 3 月 11 日	ゴルバチョフ・ソ連書記長就任．ペレストロイカ(改革)の時代へ．
	1986 年 4 月 26 日	**チェルノブイリ原発事故**でベラルーシが集中的な被害を受ける．
	1990 年 7 月 27 日	ベラルーシ最高会議が**国家主権宣言**を採択．
	1991 年 8 月 25 日	ベラルーシ最高会議が前年の国家主権宣言を「憲法的法令」と位置付ける立法(独立宣言に相当)．
	1991 年 9 月 19 日	正式国名を BSSR から**ベラルーシ共和国**に変更．白赤白国旗と国章「パゴーニャ」を制定．
独立後	1991 年 12 月 8 日	ベラルーシ，ロシア，ウクライナの 3 共和国首脳がソ連解体について電撃合意(ベロヴェージ協定)．後日他の共和国もこれに加わり**ソ連邦が崩壊．ベラルーシは歴史上初めて独立国となった．**
	1994 年 7 月 10 日	大統領選の決選投票．この結果**ルカシェンコが初代大統領に就任．**
	1995 年 5 月 14 日	国民投票．二言語政策への移行，ソ連時代のものに酷似した国旗・国章の制定などが決まる．
	1996 年 11 月 24 日	国民投票．大統領権力を強化する方向で憲法を改定．
	1999 年 12 月 8 日	ロシアと「連合国家創設条約」を締結．
	2001 年 9 月 9 日	ルカシェンコ大統領再選．

参考文献

（重要度の高いもの，直接引用したものに限定した）

[1] S. アレクシエービッチ・徐京植「対談：“小さき人々”の声を聞く」『世界』2000年12月号.

[2] B. アンダーソン著，白石さや・白石隆訳『増補 想像の共同体——ナショナリズムの起源と流行』NTT出版，1997年.

[3] 井口靖「『ベラルーシ的』とは何か——ベラルーシ研究のためのノート」『海城中学・高等学校研究集録』第21集，1997年.

[4] 一條都子「現代スコットランドのナショナリズムにおける『ヨーロッパ』の役割」『国際政治』第110号，1995年.

[5] 伊東孝之・井内敏夫・中井和夫編『新版 世界各国史20 ポーランド・ウクライナ・バルト史』山川出版社，1998年.

[6] 伊東孝之・直野敦・萩原直・南塚信吾・柴宜弘監修『新訂増補 東欧を知る事典』平凡社，2001年.

[7] G. ヴェルナツキー著，松木栄三訳『東西ロシアの黎明——モスクワ公国とリトアニア公国』風行社，1999年.

[8] 川端香男里・佐藤経明・中村喜和・和田春樹監修『ロシア・ソ連を知る事典』平凡社，1989年.

[9] 黒田龍之助編『ベラルーシ語基礎1500語』大学書林，1998年.

[10] 黒田龍之助「似ているが故の悲劇——ベラルーシ言語文化事情」中澤英彦編『ポストソヴィエト期の社会と文化受容について——スラヴ，とくにウクライナ，ベラルーシ地域における』，1999年.

[11] E. ゲルナー著，加藤節監訳『民族とナショナリズム』岩波書店，2000年.

[12] 小山哲「消滅した国家ポーランド」『岩波講座 世界歴史17 環大西洋革命』岩波書店，1997年.

[13] 塩川伸明『ソ連言語政策史の若干の問題』北海道大学スラブ研究センター，1997年.

[14] 塩川伸明「ソ連言語政策史再考」『スラヴ研究』第46号，1999年.

[15] A. D. スミス著，高柳先男訳『ナショナリズムの生命力』晶文社，1998年.

[16] A. D. スミス著，巣山靖司他訳『ネイションとエスニシティ』名古屋大学出版会，1999年.

[17] 田畑伸一郎・末澤恵美編『CIS：旧ソ連空間の再構成』国際書院，2004年.

[18] 戸門一衛「スペインのヨーロッパへの統合——地方からの視座」西川長

夫・宮島喬編『ヨーロッパ統合と文化・民族問題――ポスト国民国家時代の可能性を問う』人文書院，1995年.
[19] 中井和夫『ウクライナ・ナショナリズム――独立のディレンマ』東京大学出版会，1998年.
[20] 中井和夫「民族問題の過去と現在――旧ソ連地域の経験から」『岩波講座 世界歴史 27 ポスト冷戦から21世紀へ』岩波書店，2000年.
[21] 袴田茂樹『深層の社会主義――ソ連・東欧・中国　こころの探訪』筑摩書房，1987年.
[22] 服部倫卓「ヨーロッパとロシアの狭間をバスで行く」『ロシア東欧経済速報』2000年11月15日号.
[23] 服部倫卓「ベラルーシにおける国民意識の混沌――対ロシア統合の土壌を探る」『外務省調査月報』2000年度/No. 4.
[24] 服部倫卓「ヨーロッパの白いブラックホール」『世界週報』2001年8月21-28日号.
[25] 服部倫卓「ジレンマに直面する大統領選後のベラルーシ――経済と対ロシア関係の行方」『ロシア東欧貿易調査月報』2001年12月号.
[26] 服部倫卓「ベラルーシ・ロシア関係の政治力学――2001年ベラルーシ大統領選の事例研究」『ロシア研究』第34号，2002年.
[27] 服部倫卓「それからのベラルーシ――劣化する経済と対ロシア関係」『ロシア東欧経済速報』2003年7月25日号.
[28] 羽場久浘子『統合ヨーロッパの民族問題』講談社，1994年.
[29] 早坂真理『ウクライナ――歴史の復元を模索する』リブロポート，1994年.
[30] D. フルマン「ロシアと新興独立諸国の歴史と未来」『ロシア東欧貿易調査月報』2001年12月号.
[31] E. ホブズボウム・T. レンジャー編，前川啓治・梶原景昭他訳『創られた伝統』紀伊國屋書店，1992年.
[32] 松里公孝「19世紀から20世紀初頭にかけての右岸ウクライナにおけるポーランド・ファクター」『スラヴ研究』第45号，1998年.
[33] A. ミツキエヴィチ作，工藤幸雄訳『パン・ダデウシュ(上)(下)』講談社，1999年.
[34] 南塚信吾「東欧のネイションとナショナリズム」『岩波講座 世界歴史 18 工業化と国民形成』岩波書店，1998年.
[35] 安井教浩「ポーランド・ナショナリズムの形成――ドモフスキ『近代的ポーランド人の思想』をめぐって」『東欧史研究』No. 19, 1997年.
[36] 山内昌之『民族と国家――イスラム史の視角から』岩波書店，1993年.
[37] 和田春樹編『新版 世界各国史 22 ロシア史』山川出版社，2002年.

[38] Абаренков, В. П. и др. *Краткий политический словарь*. 6-е изд., доп. М.: Политиздат, 1989.

[39] Академия наук Белорусской ССР, Институт истории. *История Белорусской ССР*. Мн.: Наука и техника, 1977.

[40] Антонович, С. В. *Петр Машеров: Докум. повесть*. Мн.: Юнацтва, 1998.

[41] *Белорусская деловая газета*.

[42] Біч, М. і інш. "Няспраўджаныя амбіцыі і абяцанні," *Штогоднік Інстытута гісторыі НАН Беларусі*, 1999.

[43] Бобков, В. А., Рубанов, А. В. "На путях школьной реформы." *Социология*, No.1 (2000).

[44] Бондарчик, В. К. и др. (ред.) *Белорусы*. М.: Наука, 1998.

[45] Бровка, П. У. и др. (ред.) *Белорусская ССР: Краткая Энциклопедия*. В 5-и т. Мн.: Главная редакция Белорусской Советской Энциклопедии, 1979-1981.

[46] Брэгер, Г. і інш. (рэд.) *Беларусіка=Albaruthenica 8. Беларусь – Расія – Японія: Матэрыялы Першых Астравецкіх краязнаўчых чытанняў, прысвечаных памяці Іосіфа Гашкевіча*. Мн.: ННАЦ імя Ф. Скарыны, 1997.

[47] Буховец, О. Г. "Постсоветское 'великое переселение народов': драма в зеркале статистики." *Социологические исследования*, No.1 (2001).

[48] Вардомацкий, А. "Беларусь и мир: социологическое исследование." *Аналитический бюллетень Белорусских фабрик мысли*, No.2 (2000).

[49] Государственный комитет СССР по статистике. *Национальный состав населения СССР по данным всесоюзной переписи населения 1989 г.* М.: Финансы и статистика, 1991.

[50] Громыко, А. А. *Памятное*. Кн.1. М.: Политиздат, 1988.

[51] Дубенецкий, С. Ф. (ред.) *История Беларуси: Словарь-справочник*. Мн.: Экономпресс, 2000.

[52] Ермаловіч, М. І. *Па слядах аднаго міфа*. 3-е выд. Мн.: Беларуская навука, 2001.

[53] Зенькович. Н. А. *Чья Белоруссия? Границы. Споры. Обиды*. М.: МК-Периодика, 2002.

[54] Злотников, А. Г. (ред.) *Межнациональные отношения в Восточно-Полесском регионе Беларуси*. Гомель: Радзімічы, 1993.

[55] *Известия*.

[56] Касцюк, М. П. і інш. *Нарысы гісторыі Беларусі*. У 2-х ч. Мн.: Беларусь, 1994-1995.

[57] Колас, Я. *Мой родны кут...: Паэзія*/ Уклад. і ўступ. слова Р. Барадуліна. Мн.: Мастацкая літаратура, 2000.

[58] Костюк, М. П. и др. *История Беларуси (краткий очерк)*. Мн.: Экоперспектива, 2002.

［59］ Краўцэвіч А. *Стварэнне Вялікага Княства Літоўскага*. Rzeszów: Uniwersytet Marii Curie- Skłodowskiej w Lublinie, Filia w Rzeszowie, 2000.

［60］ Кузнецов, И. Н., Мазец, В. Г. *История Беларуси в документах и материалах*. Мн.: Амалфея, 2000.

［61］ Кулагін, А. М. *Каталіцкія храмы на Беларусі: Энцыклапедычны даведнік*. Мн.: Беларуская Энцыклапедыя, 2000.

［62］ Кулагін, А. М. *Праваслаўныя храмы на Беларусі: Энцыклапедычны даведнік*. Мн.: Беларуская Энцыклапедыя, 2001.

［63］ Куль-Сельверстова, С. "Роль польских восстаний в формировании представлений поляков и россиян о белорусско-литвинской шляхте." Instytut Historii PAN. *Polacy a Rosjanie*. Warszawa: NERITON, 2000.

［64］ Манаев, О. "Белорусский электорат: за и против президента." *Аналитический бюллетень Белорусских фабрик мысли*, No.1 (1998).

［65］ Манаев, О. "На Восток или на Запад?: социологический портрет противников и сторонников независимости Беларуси." *Аналитический бюллетень Белорусских фабрик мысли*, No.4 (1999).

［66］ Манаев, О. "Электоральные ресурсы интеграции." *Аналитический бюллетень Белорусских фабрик мысли*, No.2-3 (2002).

［67］ Мечковская Н. Б. "Языковая ситуация в Беларуси: этические коллизии двуязычия." *Russian Linguistics* No.18, (1994).

［68］ Министерство статистики и анализа Республики Беларусь. *Итоги переписи населения Республики Беларусь 1999 года. Национальный состав населения Республики Беларусь и распространенность языков*. Мн.: Информстат Минстата Республики Беларусь, 2001.

［69］ Мірачыцкі, Л. *Светлым ценем Адама Міцкевіча: Эміграцыя з Наваградчыны*. Мн.: Бацькаўшчына, 1994.

［70］ Михневич, А. Е. *Русско-белорусский разговорник*. Мн.: Вышэйшая школа, 1991.

［71］ Навіцкі, У. І. (рэд.) *Канфесіі на Беларусі (к. XVIII-XX ст.)*. Мн.: Экаперспектыва, 1998.

［72］ Национальная Академия наук Беларуси и др. *Типология двуязычия и многоязычия в Беларуси*. Мн.: Беларуская навука, 1999.

［73］ Национальная Академия наук Беларуси, Институт социологии. *Особенности социокультурного развития различных социальных групп населения Беларуси в условиях обретения ею государственной независимости*. Мн., 1999.

［74］ Новік, Я. К., Марцуль, Г. С. (рэд.) *Гісторыя Беларусі: Вучэб. дапам*. У 2 ч. 2-е выд. Мн.: Універсітэцкае, 2000.

［75］ Новикова, Л. Г. *Религиозность в Беларуси на рубеже веков: тенденции и особенности проявления: социологический аспект.* Мн.: БТН-информ, 2001.

［76］ *Новости НИСЭПИ.*

［77］ Пазьняк, З. *Сапраўднае аблічча.* Мн.: Паліфакт, 1992.

［78］ Пашков, Г. П. и др. (ред.) *Иллюстрированная хронология истории Беларуси.* 2-е изд., доп. Мн.: Беларуская Энцыклапедыя, 2000.

［79］ Подлипский, А. М. *Витебские адреса Марка Шагала.* Витебск: Витебская областная типография, 2000.

［80］ Позняк, З. "О русском империализме и его опасности." *Народная газета.* 15-17 студзеня 1994г.

［81］ *Советская Белоруссия.*

［82］ Старычонак, В. Дз. *Беларуская літаратура: ад А да Я: Для абітурыеннаў.* Мн.: Вышэйшая школа, 2000.

［83］ Таварыства беларускай мовы імя Ф. Скарыны. *Аняменне: з хронікі знішчэння беларускай мовы.* Вільня: Gudas, 2000.

［84］ Фурман, Д. Е., Буховец, О. Г. "Белорусское самосознание и белорусская политика." *Свободная мысль*, No.1 (1996).

［85］ Фурман, Д. Е. (ред.) *Белоруссия и Россия: общества и государства.* М.: Права человека, 1998.

［86］ Фурман, Д. Е. "«Центры» и «периферии»: политические системы трех восточнославянских республик." *Свободная мысль*, No.6 (1998).

［87］ Чантурия, В. А. *Архитектурные памятники Белоруссии.* Мн.: Полымя, 1982.

［88］ Ширяев, Е. Е. *Беларусь: Русь Белая, Русь Черная и Литва в картах.* Мн.: Навука і тэхніка, 1991.

［89］ Arel, Dominique. "Interpreting 'Nationality' and 'Language' in the 2001 Ukrainian Census." *Post-Soviet Affairs*, No.3 (2002).

［90］ Brubaker, Rogers. *Nationalism Reframed: Nationhood and the National Question in the New Europe.* Cambridge: Cambridge University Press, 1996.

［91］ Guthier, Steven L. "The Belorussians: National Identification and Assimilation, 1897-1970." *Soviet Studies*, No.1-2 (1977).

［92］ Kiaupa, Zugmantas, Jūratė Kiaupienė and Albinas Kuncevičius. *The History of Lithuania before 1795.* Vilnius: Lithuanian Institute of History, 2000.

［93］ Marples, David R. *Belarus: A Denationalized Nation.* Amsterdam: Harwood Academic Publishers, 1999.

［94］ Marples, David R. "The Demographic Crisis in Belarus." *Problems of Post-Communism*, No.1 (2000).

［95］ Miller, H. et al. "Social Identities in Russia, Ukraine, and Lithuania." *Post-Soviet Affairs*, No.3 (1998).

［96］ Poppe, Edwin and Louk Hagendoorn. "Types of Identification among Russians in the 'Near Abroad'." *Europe-Asia Studies*, No.1 (2001).

［97］ Rich, Vera. "Chornobyl Fallout – Brought down on Belarus to Spare Russia？" *RFE/RL Newsline*, Vol.6, No.122, Part II, 1 July 2002.

［98］ Snyder, Timothy. *The Reconstruction of Nations: Poland, Ukraine, Lithuania, Belarus, 1569-1999*. New Haven: Yale University Press, 2003.

［99］ Stone, Daniel. *The Polish-Lithuanian State: 1386-1795*. Seattle: University of Washington Press, 2001.

［100］ United Nations. *Statistical Yearbook: Forty-fifth Issue*. New York, 2001.

［101］ Vakar, Nicholas P. *Belorussia: The Making of a Nation*. Cambridge: Harvard University Press, 1956.

［102］ White, Stephen et al. "A European or a Slavic Choice? Foreign Policy and Public Attitudes in Post-Soviet Europe." *Europe-Asia Studies*, No.2 (2002).

［103］ Zaprudnik, Jan. *Belarus: At a Crossroads in History*. Boulder: Westview Press, 1993.

［104］ Zaprudnik, Jan. *Historical Dictionary of Belarus*. Lanham: Scarecrow Press, 1998.

［105］ Zinkevičius, Zigmas. *The History of the Lithuanian Language*. Vilnius: Mokslo ir enciklopedijų leidybos inst., 1998.